改善学生课堂表现的

50个方法：

小技巧获得大改变

[美] 安奈特·布鲁肖，托德·威特克尔 著

50 Ways to Improve Student Behavior :

Simple Solutions to Complex Challenges

Annette Breaux, Todd Whitaker

中国青年出版社
CHINA YOUTH PRESS

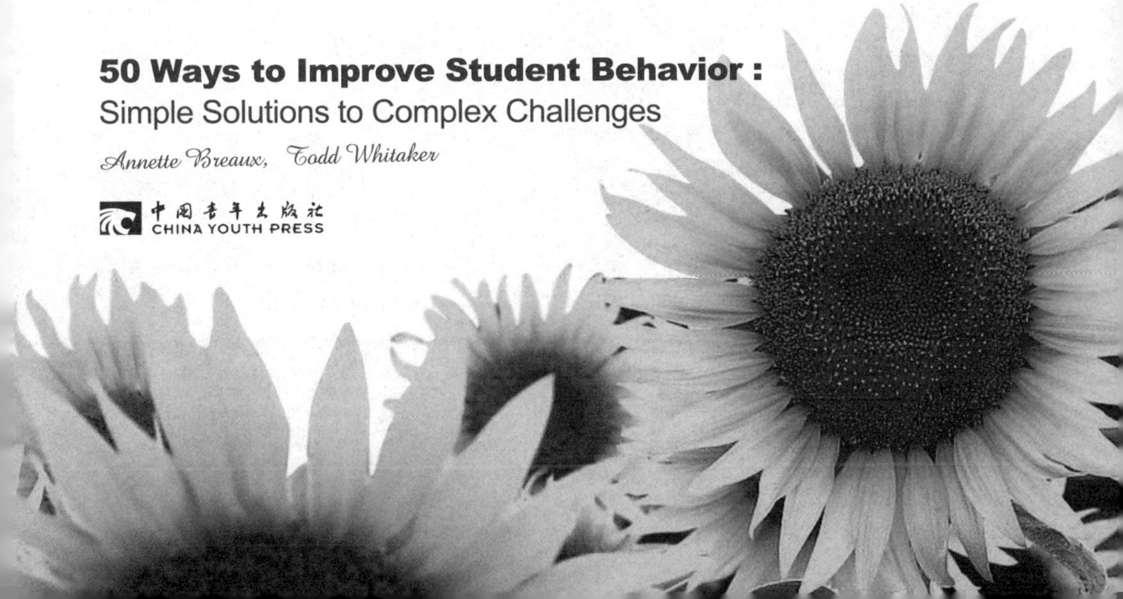

图书在版编目（CIP）数据

改善学生课堂表现的50个方法 /（美）布鲁肖，（美）威特克尔著；于涵译．
——北京：中国青年出版社，2010.6
ISBN 978-7-5006-9353-6

Ⅰ．改…　Ⅱ．①布…②威…③于…　Ⅲ．课堂教学－教学法　Ⅳ．G424.21

中国版本图书馆CIP数据核字（2010）第096243号

50 Ways to Improve Student Behavior: Simple Solutions to Complex Challenges
By Annette Breaux and Todd Whitaker

改善学生课堂表现的50个方法

作　　者：[美]安奈特·布鲁肖　[美]托德·威特克尔
译　　者：于　涵
责任编辑：肖　佳
美术编辑：李　甦
出　　版：中国青年出版社
发　　行：北京中青文文化传媒有限公司
电　　话：010-65511272 / 65516873
公司网址：www.cyb.com.cn
购书网址：zqwts.tmall.com
印　　刷：大厂回族自治县益利印刷有限公司
版　　次：2011年8月第2版
印　　次：2023年6月第28次印刷
开　　本：787×1092　1/16
字　　数：120千字
印　　张：11.5
京权图字：01-2016-0804
书　　号：ISBN 978-7-5006-9353-6
定　　价：33.00元

作者简介

安奈特·布鲁肖是当今教育领域最具知识性的作家及演说家之一，她可以让听众迅速将她所讲述的实践技巧应用到课堂教学之中，学校管理者也表示他们第二天就可以在教师身上看到效果。安奈特做过教师和课程协调员，曾为路易斯安那州编写过专门用于新教师入职培训的书。现在，安奈特在路易斯安那州尼科尔斯州立大学担任教师入职培训员。另外，安奈特还同哈里·黄博士一起为新教师编写过一本入职教程。

安奈特的其他著作包括：《给教师的101条建议》、《万人迷老师养成宝典》等。

阅读过安奈特书籍的教师或是听过安奈特演讲的教师都认为她所提供的信息非常实用，很具启发意义，并且让他们深刻体会到自己所从事的伟大职业——教学。

托德·威特克尔博士是教育界的领军人物，他关于教育的理念得到了世界各地众多教育者的共鸣。托德现在是印第安那州立大学一名教育领导力领域的教授，他一直在通过研究优秀教师、校长来继续他对教育事业的热爱。

在定居印第安那州之前，他曾在密苏里州的中学从事教学工作。凭借着丰富的教学经验，他随后成为一名中学校长。

作为全国知名的教师激励、教师领导力及校长管理效率领域的专家，托德共撰写了18本教育类图书，其中包括畅销全美的《优秀教师一定要知道的14件事》、《如何调动和激励教师》、《优秀校长一定要做的15件事》、《如何应对难缠的家长》等。

如果我的学生可以表现得好一些，那生活将多么美好啊，
但就他们现在的表现而言，真的很糟糕，
他们随意说话、嬉笑、打闹，
我该怎么办呢？我也不知道了，
我祈求他们、惩罚他们，并且在课堂上大喊大叫，
但是，都无济于事，
帮帮我吧，我已经不知所措了。

什么？你知道如何让学生表现良好的妙招？
只需几个简单的方法吗？可以拯救我现在脆弱神经的方法？

是的，我们可以消除你现在本无需承受的痛苦，
我们将向你阐述能改变现状的方法，
只要你把它们记在心上，并且尝试我们提供的建议，
不久，你就会发现，学生会变成你期望的样子！

—— 安奈特·布鲁肖、托德·威特克尔

目　录

这本书给予教师的帮助

想成为一名优秀教师吗？想让学生的表现更加优异吗？想让学生学得更好吗？想减轻生活中的压力吗？或者想使课堂活动更有效率，氛围更加活跃吗？想更好地激励学生吗？那这本书正是你所需要的。

这本书关注的就是：教师，这是为教授任何一个年龄段、性别、种族背景以及社会层面的教师而准备的一本书。但它并不是教你如何成为一名完美教师，因为在现实生活中这样的人是不存在的，它也不会教你如何打造现实中不存在的完美学生。这本书将会提供给你改善学生课堂表现的方法，另外，当学生的行为有所改善后，他们的学习成绩也会相应提高。所以，我们希望帮助你改善学生的行为，提高他们的学习成绩。我们相信，当你采用了这些建议后，你的教学水平也会有很大的提高。

我们坚信任何一名渴望触及生命、有所作为的教师都想尽可能地提高效率。同时，作为一名教师，我们坚信你有能力，并且渴望给学生留下深刻而美好的印象。

如果你想成为一名优秀教师，想让学生的表现更加优异，那么此书绝对值得一读！

前　言

“如果家长能更好地关心孩子，如果校长能更好地帮助那些表现不好的学生，如果我之前的那些教师没有惹怒这帮学生，让他们变得这么野的话，那该多好！”这些话是不是听着很耳熟？我们是不是经常听到这样的话，甚至有时候我们自己也常常这么说呢？但遗憾的是，我们对此却毫无办法。不管我们是否认为是家长疏于对孩子的管理，或是校长应该更多地参与管理，亦或我们的同事应该更有耐心，这些都不在我们可以控制的范围之内。

这本书所关注的是一些简单的技巧和方法，告诉你如何进行有效的课堂管理。不管外界环境如何，不管学生的家庭环境如何，也不管之前他们在课堂上做过什么，教师，才是每天课堂上的主导者。

但为什么学生总有表现不好的时候呢？事实很简单，学生是孩子，都会有孩子的天性。他们不能像成年人一样决断，他们不会做那些成年人认为最好的事情，他们喜欢不时地和教师周旋，激怒他们。很多时候，他们都不能自控。所以这就是为什么他们需要我们的原因。

一名演讲者召集一组教师，其中一名教师举起她的手说：“嗯，没错，你说的事情都是对的，而且很好，你的建议对一些学生也应该是奏效的。但是你不明白，没有家长的支持，对于那些不支持我工作的家长来说，教授他们的孩子是一件非常困难的事情。”演讲者问了一个简单的问题：“那你的意思是说，如果明天学校旁边建了一座孤儿院，那你就不能教里面的孩子了吗？”在座的教师和提问的教师立刻安静了下来。当然，这些孩子也是可教的。是不是这些孩子可能有别于那些有父母抚养的孩子呢？嗯，是的。但是他们仍然是可以被了解和可教导的。如果你要登上一座山峰，那么你先要站在山上；如果你要观光浏览风景，你必须要先到达目的地；如果你要教授学生知识，你要先了解一个学生。每一个学生都有自己的生活环境，有自己的梦想，都有强项和不足，以及他所具备和缺乏的能力。但是我们坚信，每一个孩子都是独特的。每一个孩子都值得拥有一个，甚至第二个、第三个、第四个机会等等，每一个孩子都值得教师去相信。阅读完此书，我们相信你会成为孩子所期待的优秀教师！

1

热情地与学生打招呼

课前思考

“我退休后想要成为一名沃尔玛的接待员。”也许我们曾经听谁说过这样的话，或许我们自己也曾经说过。但有谁曾真正分析过为什么如此多的老师一直在这么说呢？我们做了分析。

诸如沃尔玛这样的超市，会聘请那些面带笑容的接待员为顾客服务，让顾客有宾至如归的感觉。实际上，这些人所拥有的工作是许多老师退休之后都想从事的。为什么老师们退休之后想当一名沃尔玛的接待员呢？究其原因，可能有两个：（1）沃尔玛的接待员看起来工作愉悦。（2）沃尔玛的接待员看起来没有压力。所以，谁不愿意在一个工作环境愉悦又没有压力的地方工作呢？

现在试想，沃尔玛为什么要花钱雇人来为顾客提供微笑服务呢？其实，这么做的原因很简单：如果顾客有宾至如归的感觉，他们的购买欲会更强，也更可能成为回头客。以此类推，这也就是为什么在走进餐馆、搭乘飞机以及进入其他场所的时候，我们都感受到微笑服务的原因。

我们为什么不能以这样的方式来对待学生呢？我们是不是也应该考虑让学生每次都带着愉悦的心情走进课堂呢？难道我们不希望学生有强烈的求知欲吗？难道我们不想让他们再回到课堂吗？这些问题的答案当然都是显而易见的！

课堂方法/技巧

现在，让我们把这个简单的方法带进课堂吧！在对教师的观察中，我们发现大部分教师称自己每天都会问候学生。但实际上，有些教师确实这样做了，而有的却没有。首先，我们要知道什么不算是问候。当学生走进教室的时候，有些教师站在教室门口，对学生说："进来吧，你的作业已经放在桌子上了，你进来后就要开始忙碌起来喽。动作快点，快点行动起来，上课铃就要响了。"有些教师采用这种方式向学生打招呼，但其实这种方式并不是问候，这样好像是在说："欢迎来到拷问室！"想必任何一个急急忙忙跑进教室的学生都很难觉得这种并不友善的欢迎方式是真的想要让他来到你的课堂。学生并没有感觉到被需要和受欢迎。还没上课之前，这种误解就已经形成了。一旦教师和学生建立了这种误解，这些小家伙就有可能蠢蠢欲动，想要淘气了。

现在，让我们来说说什么才算是真正的问候。那些最优秀的教师通常不会造成误解，且清楚地知道如何去运用那些简单的技巧（就像沃尔玛的员工所做的一样）。如果教师（接待员）每天都以笑容可掬的态度对待他们的学生（顾客），学生就会有种被需要和受欢迎的感觉，他们会更好地吸收教师传授给他们的知识，也会更想再次回到课堂。

每天向学生问好，其实有一种非常简单的方式。教师们，别再使用以前的老方法了，向那些最优秀的教师学习吧！每次上课之前，站在教室门口，然后对学生说："你好啊，今天过得好吗？谢谢你今天能来上我的课。你今天穿得可真漂亮！ 我喜欢你的新发型。杰森，你今天能来我真的特别高兴。你昨天没来，我都想你啦。"尽管也许你昨天晚上祈祷杰森再也不要出现在你的课堂上，但重要的是，杰森并不知道昨晚你是这么想的！他一定坚信你很高兴看到他，因此他就会在课堂上好好地表现了。

实际上，学生一般不会在他感觉被需要和有价值的课堂上有不好的表现。想想看，这一简单的问候方式确实能解决很多问题。相信我们，这种方法真的可以。实际上，如果你坚持每天用这种方式向学生问好，课堂上的纪律问题会大大减少。不相信这个事实的人不会采用这种方式每天向学生问好，但是，我们要提醒教师的是，如果你之前总以消极的态度对待学生，而且不经常以面带笑容的方式问候他们的话，突然的转变可能会让他们感觉很困惑，这需要花费较长的时间来向学生证明，你真的变了一个人。但是，贵在坚持！结果一定会是你所期待的！

教师的问候有没有可能是虚情假意的呢？对，有可能。你每天都很愿意见到所有的学生吗？也许，并不是吧。但是，请记住，我们有时候要担当演员的角色。就像你知道的那样，沃尔玛的接待员也不是每天都愿意见到你！空乘员也许累了一天，希望下一趟班机可以一个乘客也没有。你突然出来了，又一个乘客！但是，你不会知道他对你的问候也许有些言不由衷。作为乘客，你需要感到受欢迎和被需要。因此，你要让你的学生每天也有同样的感受！尽管，有时你可能有一点假装，但是随后你会发现，你越去“假装”微笑，你自己越会感到开心，你的问候也会变得越发真诚了。多好的收获啊！

既然可以采用这样的方式进行问候，那么告别是不是也可以以此类推呢？如果你都能以一种愉悦的心情来开始和结束每一天的课程，你会变得更受欢迎！

编后语

如果你想让学生渴望走进你的教室，那么你就要让他们感受到你是真的需要他们。也许，你从未意识到这样一个简单的问候会让一个人的一天变得多么不同！

一句简单的“早上好”

每天，当我走进教室的时候，她都会面带微笑地说：“早上好啊！”

也许，她并不知道这句问候对我而言意味着什么，

她不知道是她让我有种被需要的感觉。

每每感到沮丧时，是她的微笑让我得以重新振作。

有的时候，大人们在家里的唠叨真让我感到喘不过气来，

她的课堂成了我的“避难”天堂，我装作很高兴的样子。

为了给她留下好印象，

尽管有时很难过，我仍会坚强地用微笑掩盖内心的痛苦。

但是，她可能永远都不知道，在我的生命中永远有个地方，那里有人需要我，期望我的出现，想要让我有所收获，想要帮助我意识到有些好的东西是我需要学习的。

除了书本内容外，我在那一年还明白了我对于某一个人来说，值得被问声“好”！

2

写一封自我介绍信吧

课前思考

试想，你是一位学龄儿童的家长，在暑假期间收到学校老师的一封来信，信里介绍了他是哪位老师，他对你的孩子有怎样的期望，他对教学的理解以及他有多高兴当你的小天使的老师！

试想作为一个小朋友，收到一封来自新教师的信，信上说他多么高兴能在下学期担任你的教师，并且多么迫切地希望见到你，了解你，与你分享新的知识。

现在转念想想，作为学生家长或者学生，你真正收到过几封这样的信呢？想必一定不会太多，对吗？下面是我们需要思考的一些问题。

作为家长，他们希望把自己的孩子交到一个对孩子有耐心、有责任感且值得信任的教师手上。

作为学生，他们希望自己的教师很高兴教授自己知识，并且很愿意他们留在自己的课堂上。

那些相信你能把他们的孩子照顾得很好的家长通常更愿意配合你的工作。

那些受到教师照顾的孩子通常在课堂上都有较好的表现，而那些觉得受到的照顾不够的孩子通常表现就没那么好了。

这并不是什么高深的科学，相反，这是人的本能。所以，让我们从人性的本能出发，使用一些方法去更好地激励学生吧。

课堂方法 / 技巧

为了搭建一个良好的平台，其中一个简单的方法就是：在开学前的某一天，给学生及其家长写一封信。当你收到班级的花名册时，写两封信：一封写给家长，另一封写给学生。如下，有两个例子：

亲爱的 ×××：

我的名字是 ×××，在此我想说的是很高兴有机会在下一个学年里担任您孩子的教师。我非常期望在下个学年中，我们……（说一些在你所教授的课程中你期望取得的成绩）。

我很荣幸能够担任您孩子的教师，我保证尽我所能让他在新的一年里取得更大的进步，激发他更多的潜能。任何时候，如果您需要帮助，或者您有任何关于孩子的问题，都可以及时和我保持联系，我的电话是 ××××××。

再次谢谢您允许我教授您的孩子。

此致

敬礼！

×××

亲爱的×××：

我的名字是×××，明年，我将作为你的任课教师。我很高兴明年的课堂中有你的到来。我很愿意在新的一年里认识你，了解你。请相信，我会尽我所能让你在新的一年中做到最棒！

谢谢你成为我们班上的一员！让我们一起努力，在明年做得更好！

此致

敬礼！

×××

编后语

寄出这两封信后，你就首先为新学年搭建了一个良好的平台，并且在家长和学生两方面都建立了良好的关系。你可以考虑问问校长是不是可以让学校来负担这部分邮费，如果不能，可以把寄给学生及家长的信件放在一个信封中。如果感觉在经济上负担较重，那么在开学的第一天亲自把这封信交给学生。这封简单的信可以让你做得更好！不论你教授的是哪个年级，你都可以采用这种方法！

3

明确课堂规则与常规

课前思考

不同于传统意义上的判断，课堂上存在的主要问题并不是学生不遵守纪律，相反，是教师没有明确建立并持续强调一些规则及常规。然而，这并不是说那些明确建立了规则及常规的教师就不会遇到任何纪律问题，他们也同样会遇到这样的问题。但是，比起那些没有明确提出整套规则和常规的教师，这些在课堂上有章可循的教师所遇到的纪律问题就会少一些。实际上，即便最优秀的教师也会被课堂上的纪律问题所困扰，但这种问题出现的频率极低，因为他们清楚地知道如何避免这些潜在问题的发生。他们的秘诀是什么呢？那就是：清晰且持久的规则及常规。

我们发现，有许多教师都不太清楚规则与常规的区别。现在我们来做一个简单的说明：

1. 规则是用来防止严重过失的，一旦打破，就会有相应的后果产生。
2. 常规是你想每一次用相同的方法来完成一件事情。
3. 学生一旦打破规则，他们就会受到惩罚。
4. 如果学生没有遵守常规，你只需和学生把这项常规再复习一遍。
5. 你的规则不能多于 5 条。
6. 你可以制定多项常规。
7. 下面就是一个关于规则的例子（记住规则是用来防止严重过失的）：我们都认为打人是不对的，如果这个规则被打破，就会有相应的后果产生。学生应该事先知道这一点。
8. 关于什么是常规，也许是如何排队前进、当有问题的时候应该如何提问，或者是如果学生需要削铅笔的时候应该如何做、怎样加入或退出小组等等。

如果教师混淆了这两者的概念，问题就会产生。在“规则”栏，他们填入了“不许随便在课堂上讲话”。但是，说话其实并不是一个非常严重的错误。是令人愤怒的错误吗？嗯，是的。是一个非常严重的错误吗？不，不是的。因此，它应该被列到“常规”一栏。在“常规”一栏中，可能会出现“我们规定要举手发言”这一条。所以，如果一个学生不按顺序就发言了，那该怎么办？你只需提醒他，他没有按照常规办事。如果需要，可以让他多练习一遍。在第 19 章中，我们将会详细谈到应如何应对一个总是不按顺序发言的学生。

好了，如果学生没有按照常规办事，你只需要提醒他们，或者再和他们复习一遍即可。如果他们打破了规则，那么就要受到相应的惩罚了。

课堂方法 / 技巧

规则

仔细思考什么应当作为课堂上的规则。我们可以给你举一个例子："我们都赞成不能打人。"请注意两件事情：（1）打人是一件很严重的事情。（2）规则是用积极的方法指出这一问题。再次强调，我们要把规则的条数定在5条以内。现在，把你制定好的这些规则告诉你的学生，和他们一起来探讨这些规则为什么重要，并向他们解释不遵守这些规则的后果。然后，只需向他们强调这些规则，只需强调即可。

常规

你不可能一次就制定出所有的规则，这对学生来说太难做到了。先从最重要的常规开始，以后每次加一点。建立班级常规时，请参照以下6个小步骤：

1. 建立常规，然后和学生讨论它们的重要性。
2. 举例，向学生们展示如何遵守某项常规。
3. 和你的学生一起练习如何遵守这项常规（请注意，这并不是只为小学生准备的，专业的足球队每天也要练习如何遵守常规！）。
4. 如果学生遵守了常规，请给予他们相应的表扬，并时刻提醒他们，以免他们忘记。
5. 如果学生忘记了，和他们耐心地反复进行操练。

6. 坚持执行班级常规。

如果你打算这样做，我们建议你首先执行那些最重要的。你知道对于任何教师而言最重要的常规是什么吗？你必须制定的最重要的常规是要有一个能持续集中学生注意力的方法，这是最基础的。如果你没有办法集中学生的注意力，那你就没有办法教他们。所以，我们会问："每次想集中学生的注意力的时候，你都会做什么呢？"你有让学生集中注意力的手势吗？学生知道你的用意吗？他们会对你有所回应吗？或者是你会做下面的动作呢：把手指放在嘴上，然后说"嘘"，或说"我需要你们现在把注意力转移到我这里"，或是轻轻地拍一下灯，亦或是其他什么方法呢？其实集中学生的注意力没有一个绝对正确的方法，但是，却有一些方法可以产生适得其反的效果。乞求、恐吓或者警告都是最不奏效的方法。不管你的常规是什么，你都要始终如一地把它坚持到底。必须要让你的学生反复加以练习，你不能在每次使用时都改变方式（我们知道一些教师生气时会屈身弯腰，脸色发青！这可不好哦！）。

编后语

不同于大多数教师的看法，有一个好的课堂计划，包括规则和常规，并不是简单的好与不好的问题，它更多强调的是持续与否的问题。如果你很和善，但缺乏常性，你的学生会喜欢你，但你管理起他们来就会很困难，到最后根本没办法授课。如果你既刻薄又缺乏常性，那你注定会失败！如果你很刻薄，但很有常性，你的境遇可能会好一点。

但如果你既和善又有常性的话，你就是一位出色的课堂管理者。事实同样如此，如果你没有做好课堂管理，那么就无法向学生传递知识。

所以持续地实施你的规则和常规，毋庸置疑，好的课堂表现不会让你等太久的！

4

你还好吗

课前思考

“你还好吗？”换句话的意思就是“我很在乎你”。对于我们每一个人来说，还有什么比有人在乎自己感觉更好呢？如果学生们感到他的教师在乎自己，他有什么理由表现不好呢？反言之，学生在不在乎自己的教师的课堂上，有什么动力好好表现呢？

好行为锦囊

拎出一个捣乱的学生，加上你的愤怒，
看，脖子上青筋暴出的你，再加上长吁短叹，
把它们混合在一起，煮到它们翻滚起泡，
几秒过后，你就把这些麻烦都搅在一起了，
如果这让你觉得味道不好，那就再来一些解毒药吧。
一个可以让学生表现更好的妙招：

叫出那个捣乱的学生，然后问问他，他还好吗？
然后告诉他你相信他，你很关心他，在乎他。
当他看到你并不想轰他出去，并且表示真正关心他的时候，
你就可以在任教期间真正感受到什么是学生的好行为了。

课堂方法 / 技巧

“你还好吗？”这种技巧很简单，但是很有效。它基于学生相信你是真的在乎他们这个前提，这可以让他们表现得更好。下面是你要做的：下一次，如果有学生在你的课堂上表现不好，把他带到教室外面，然后真诚地问一句：“你还好吗？”（你要表现得尽量真诚，显出很关心他的样子，这一点至关重要。）这时，你可能会看到学生脸上的惊讶表情。但通常情况下，学生会回答“是的”。然后，根据这个回答继续询问，“好吧，我问这个问题的原因是因为刚刚你在课堂上的表现不是很好，这一点儿也不像平时的你哦。”（好了，你现在可能离了解事实的真相不远了。即便也许这是该学生以前非常典型的行为，我们也想让你看看应该如何解决这个问题……）“我想你这么做一定是有原因的吧，是不是有些事情困扰着你呢？我就是想告诉你，如果有些事情困扰着你而你又想找人倾诉的话，我一直在你的身边。”就是这样，然后回到教室去。

你解决这个问题了吗？是的，首先，你告诉了学生这个行为是不对的。你可能还会问，学生的表现会有所改善吗？嗯，通常会的。

请注意，不要做下面几件事，这点很重要。你不能让他保证下次再也不做这样的事情，你不能表现出个人的反感情绪，不能恐吓他，

更不能贬低他。你要在他表现不好的时候，真正表现出对他的关心和在意。

一个高中教师向我们分享了他的故事：

> 我听说你们现在正在谈论“你还好吗”这一谈话技巧，起初我本人并不相信这样的方法能够奏效。我给“边缘化”的学生当老师，他们的行为是我见过最糟糕的。我有一个学生在圣诞假期结束后返回学校上课，然而，连续三天，他一点儿功课也没有做。更糟的是，他总是把头趴在桌子上睡大觉。看到他这个样子，我感到十分的生气和沮丧。我试图用“你还好吗”这一技巧，当然，我起初不相信它能奏效。我把他带到走廊里然后问他：“你还好吗？”这个学生开始啜泣着说：“不，我不好，我得了癌症。是在假期被诊断出来的，而且癌细胞的扩散速度很快。他们开始给我做化疗了，这让我总是昏昏欲睡的。但是，我真的想认真听讲，因为我不知道自己还剩多少时间了。”（当这个教师说到这儿的时候，他已泣不成声了。）这位教师继续说：“我问他，‘为什么不告诉我呢？’这个学生回答：‘我以为你不会在乎。’”

这位教师在乎吗？当然，他非常在乎。我们后来得知，现在他一旦有时间就会亲自带这个学生去做化疗。但事实是，学生一开始并不能意识到你是关心和在乎他的，许多学生都误以为我们不在乎他。因此，我们所要做的就是让他们相信我们是在乎和关心他们的。

编后语

有些学生误以为他们的教师并不关心，也不在乎他们，因此他们可能就会有如下表现：

1. 行为鲁莽
2. 怨气冲天
3. 目无尊长
4. 态度冷漠
5. 缺乏动力

一些教师知道如何用一些方式向学生展现他们的关心和在乎，所以这些学生的表现通常是：

1. 表现良好
2. 态度积极
3. 尊敬师长
4. 有兴趣
5. 有动力

哪种行为是你期待看到的呢？由你决定！

5

亲爱的，让我们靠近些

课前思考

经过长时间的反复证明，肢体上的距离会带来思想上的距离。让我们来为这个结论做一些解释：如果你走进一个房间会见某人，此时，这个人正坐在桌子后面，这可能比他从桌子后的椅子上起身过来并坐到你的旁边更让你感到紧张。当障碍物（也就是那张桌子）被移走后，这种紧张感也会随之减少。如果一个演讲者站在讲台后面演讲，这种感觉可能不像这位演讲者走到听讲者中间并和他们有实际互动来得真实。和某人面对面吃饭并不如两个人并排一起吃感觉亲密。有些启发吗？那么让我们把这个概念带到课堂中去吧。

课堂方法 / 技巧

很多时候，而且通常是在无意识的情况下，教师会把自己和学生用某种障碍物（可能是桌子或者讲台）分隔开来。学生也没有意识到你在肢体（或者思想）上和他们保持了一定的距离，但是，他们的行为却下意识地做出了这种反应。在课堂上如果教师人为地将自己和学生阻隔开来，学生的表现将会受到很大影响。

希望找到一个简单的解决办法吗？那么，别再站在桌子或是讲台后面了，走到你的学生中去！你的这一细小举动所传递出的信息是你跟他们在一起。同样的，你和学生的距离越近，他们表现得就会越好。试着这么做做！如果一个学生的表现不那么好，那么，走到他旁边——当然不是为了给他一个“白眼”。继续讲课，但站得离他稍近一些。通常情况下，你会看到他的表现有所改善。这是因为学生发现，很难在一个成年人站在自己旁边的时候再调皮捣蛋。

还有其他一些需要考虑的因素：教师们通常也会有自己的“舒服地带”，他们往往会站在教室里自己习惯的区域。但这样做的效果往往都不好，事实证明，一些纪律问题会出现在距教师最远的地方。怎样解决这些问题呢？那就是：在移动中停留。你并不需要在教室中不停地跑来跑去，你要在授课过程中有意识地来回走动。

问问自己，如果有人走进你的教室问你的学生，“你的老师通常都会站在哪个位置呢？”学生答得出来吗？答案应该是：“任何位置，她从来都不在同一个地方站很久。”但遗憾的是，大多数教师都承认他们总是站在自己认为最舒服的地方。所以，走出你的“舒服地带”吧，尽量离你的学生近一些，让课堂上的每个角落都留下你的身影！

编后语

你离学生越近，他们的表现就会越积极，做“小动作”的可能性就会越小。有句话说得很对，“当猫走远时，老鼠就开始自娱自乐了。”所以，亲爱的，让我们离得近一些，避免那些肢体上的距离吧！在工作之余，你完全可以坐在桌子背后。你靠学生越近，就越少会为学生的那些“小动作”而感到沮丧、痛苦或是发愁！

6

请相信学生

课前思考

1. 许多学生都不相信他们的教师真正相信他们。
2. 许多学生都不相信自己的父母真正相信他们。
3. 许多学生都不相信成年人真正相信他们。
4. 许多学生也因此不太相信自己。
5. 那些不太自信的学生更有可能出现一些行为上的问题。
6. 那些自信的学生通常不会有太多的纪律问题。

出于天性，孩子们通常不会本能地相信自己的行为或举止，他们通过生活中的榜样或是成年人来确定自己的“价值观”。如果学生在家里缺乏积极的榜样，那他可能就要从他的老师中寻找这样的榜样了。当学生在家里缺乏积极的榜样时，他们可能就会在建立良好行为的过程中面临更多的困难，教师的工作也会因此变得更富挑战性。尽管人们都承认育人是一个辛苦且复杂的过程，但每一个孩子都值得成年人对他们充分地信任。即使孩子在家里有积极且充分信任他们的榜样，教师对孩子表现出的不信任也会使他感到非常沮丧。当我们意识到学生通常跟老师相处的时间更长时（除去睡觉时间，他们跟老师在一起的时间比家长要多），这就不难解释为什么教师对学生的影响力会如此之大。进一步说，我们应该意识到这样一个事实：在授课之前，我们先要了解每一个孩子，然后才是做教师的首要目标：去尽可能地接触每位学生。如何接触一个孩子呢？最好的方式就是要让他们相信你是信任他们的。

课堂方法 / 技巧

之前我们已经谈到过，教育学生，首先要让他们相信你是信任他们的。请记住，是所有的学生！一个教师应该怎样做才算是信任自己的学生呢？

1. 要面带微笑。
2. 给予学生充分的鼓励和“你能完成”的信念。
3. 给予学生充分的支持。
4. 给予学生充分的耐心。
5. 经常对学生说：“我相信你。”

你想让学生充分信任自己吗？那就告诉他，你相信他，你不会放弃他，你理解他现在正面临的困难，你会一直在他身边支持他。

我们在调查中发现，其实很多教师都忘记要这么做了——告诉并做给他们看你是真的相信他们。这做起来非常容易，现在就行动起来吧！

编后语

那些相信学生的教师通常在课堂上很少会碰到纪律问题。如果你不相信这一简单的方法会改善学生的表现，那就试着做做看，你很快会成为这一妙招的信服者！

请相信我

我不明白，但我的老师还是走开了。
她说她没有时间一直等着我，她走了，
留我一个人坐在那儿。
她把我一个人留在黑暗中，
她让我觉得她一点儿也不相信我。
她还想让我做什么呢？
她在我需要帮助的时候没有伸手拉我摆脱困境而就让我这么沉下去？
也许我永远不会知道原因，
但是，我知道得还不算太晚，
我将要有一个新老师了，她不会对我置之不理。
她会告诉我，我可以的，并且和我一起。
她意志坚定且很有耐心，她相信我。那么，你呢？

7

坐在哪里合适呢

课前思考

当你和朋友一起去看电影、演出或是一场足球比赛时，你希望谁坐在你的旁边呢？你会选择和陌生人坐在一起，还是更愿意你的朋友坐在你旁边？答案想必不言而喻吧。为什么我们更愿意让我们熟识的人坐在自己旁边呢？这里我们将会回答这个问题。你想要你的朋友坐在你旁边，那是因为让一个熟识的人坐在你身边你会感觉更加轻松自在，你可以和他们随时交谈，让他们坐在你旁边会让整个过程更加愉悦。这是人类的本性。现在，让我们试想，当你和朋友坐在电影院等待剧目开始时，某人突然走进剧院大声说："大家请听我说，现在，按照我的指挥重新入座。我希望任何人身边坐的都不是你自己熟悉的人，这样可以保证电影开始后室内的安静！"作为一个成年人，听完这话，你甚至可能想要起身离开电影院。如果还有什么，那就是你会觉得沮丧。是的，这也是人性的本能。

能体会到我们在这小节想要表达的意思吗？是的，在新学期第一天，学生走进教室后都希望有一种轻松自在的感觉。因此他们会选择坐在他们的朋友身边，这样做的理由我们已经在上文中陈述过了。是的，他们更愿意与那些他们熟识的人交谈而不是陌生人。当然，这样也许会给教师带来一些小麻烦。面对这种情况，你要做出一个选择。大多数教师都认为他们有两个选择：（1）让学生就这样坐，然后等出现纪律问题的时候再把他们的座位分开。（2）指派座位：希望他们离自己熟识的小朋友不要那么近以免出现纪律问题。但我们相信，会有一种更好、更奏效的排座方式。

课堂方法 / 技巧

开学的第一天，一件很重要的事情是：不要让学生对你的印象大打折扣。因为，你希望他们愿意明天继续来到你的课堂。但这并不是说，你让学生放任自流。换言之，我们建议你在开学的第一天，让学生自主地选择座位。我们还建议你要让他们知道，你希望他们在你的课堂中觉得愉悦自在，所以你决定让他们在自己选择的座位上先坐几天。然后你要告诉他们："几天后，老师要跟你们谈谈这几天发生的事情，但老师保证你们会喜欢的。"好了，在此之后，不要泄露任何要在几天后所要谈论的事情。

事实上，几天后你会发现有些学生即使坐在朋友旁边也不会出现纪律问题。为了显示自己的开明，同时也出于对全班同学的考虑，你会挑几个学生把他们分开。另外，你还会发现，那些不那么"抱团"

的学生会挨得特别近。通常，多数教师有这样的共识：不用重新打乱座位，只要有技巧地挪动 5~6 个学生的座位，就可以改变当初的状况了。

因此，你就需要仔细考虑做怎样的调整让学生在换座位的时候也能很开心。在想之前，你会说“我的工作不是要让他们开心”，但是，再仔细想想，心情愉悦的学生通常都会有很好的表现，并且有强烈的求知欲，做事情也会全力以赴，他们会把这种开心和愉悦传递给其他学生。好了，想到这些，你就知道该怎么做了。如何给学生排座，不会在换座之后产生负面效果？你该怎么做才能让他继续保持开心和愉悦呢？你需要使用一点心理学知识。下面，是一个教师跟我们分享的实际案例：

> 因为课堂上出现了一些纪律问题，我需要把 5~6 个学生的座位调换一下。其中一个学生一直坐在教室后排，我希望把他换到前面。而另一个学生，我需要把他换到离其他学生稍远一些的地方。但是，我不想让事情看起来好像是我在惩罚谁一样，所以，我就按照下面的方法做了：首先，我告诉学生，我希望按照我的方式来做一些座位上的调整。我告诉那个一直坐在教室后排的学生我希望他能坐到教室前面来，是因为我希望他能在每天上课之前，在教室前面把同学们的作业都收集齐，为了方便工作，我需要他坐到前面来。这样一来，他自己也非常愿意坐到前面来，而且他的言行也大有改观。因为他觉得我让他担当了一个职务，他要好好表现。我也用同样的方法调换了其他几个学生的座位，告诉他们换座位是为了让他们能更好地完成我交给他们的工作。他们非常开心，我的问题也迎刃而解了。从那以后，我都用这种方

法来解决相似的问题，并都非常奏效。

还有一个方法就是：使用“合作组”的方法来安排座位，告诉你的学生你将会按照他们的小组来安排座位。换言之，先把学生分到不同的合作组（由你来决定小组成员，并要留意哪些学生可以分到一组，哪些不可以），然后再给他们安排座位，这样小组讨论时他们相互之间就离得比较近了。他们永远不会知道，你这样做，是偷偷地把一些“危险人物”疏散开来了。我们建议每隔几周，就把“合作组”重新打乱，调换位置。要让学生提前知道，你会经常给“合作组”里面的成员调换位置，所以他们也就事先知道自己会每隔几周调换一次座位了。

如果问题由来已久，我们不建议你这么做：不与学生谈话就按照你的方式调换他的座位。我们相信，在使用如上我们所提到的方法和技巧后，这种情况会发生得越来越少。

编后语

教室的座位安排，会影响学生的课堂表现。因此，基于这一事实，你可能会不停地调换学生的座位。但是，在这个过程中使用一些心理学技巧，你可能就不会变得焦头烂额啦。谨慎地安排他们的座位，那些行为上的问题就会迎刃而解了。

8

给家长写一张“快乐小纸条”吧

课前思考

许多家长都认为自己在培养孩子方面做得很优秀，大多数家长都以自己家的小天使为傲。如果有人说他们的孩子有一点不完美，他们会感觉受到威胁，产生防卫心理。当然，这很容易理解，孩子们的不完美往往会映射出家长在教育过程中的不尽如人意之处。家长最开心的时候就是听到别人夸赞自己的孩子，同时，大多数的孩子也希望家长和老师能因为他们而深感自豪。那么现在，就让我们把这些事实带到课堂中去吧！

课堂方法/技巧

我们要在这里分享的技巧在无数的课堂中都实验过，并且获得了意想不到的成功。那就是：每节课上都发出一张“小纸条”——一张“快乐小纸条”，这张小纸条是发给课堂上每位学生家长的。“快乐小纸条”的内容包括以下几行：

亲爱的×××，因为××××××事情，我对您的孩子感到非常骄傲，希望您看到这张小纸条，也能对他的行为感到骄傲。

在空白处填上内容，然后签上你的名字。通常许多教师会把这张小纸条复印下来以便随时需要的时候可以及时拿出来，在空白处填上简单的内容也许仅会占用你20秒的时间，但是带来的效果却远远大于这短短的20秒。

例如，我们试想，你有个行为上有些“调皮捣蛋”的孩子。我们相信你可以找出很多理由——合情合理的理由——给他的家长写一封冗长的信来悉数这个孩子的种种不是。但在你这么做之前，你可能先要考虑“捕获”他的行为（我们将会在第22章讨论这个细节），然后写一张“快乐小纸条”给他的父母。这张小纸条通常会被贴在冰箱上！你并没有欺骗家长说这个孩子一直有良好的表现，但是，你却可以抓住孩子哪怕丁点的优点加以描述，这样可以帮助孩子持续进步。

现在试想你每次上课后都向学生的家长寄出了一张这样的小纸条。这意味着，每位孩子的家长都会每隔一个月或半个月从你那里收到一张“快乐小纸条”（寄出的频率可根据课堂人数的多少来定）。即便是每两个月收到一张这样的小纸条，对家长来说，也是十分开心的！

当你这么做过之后，通过这些小纸条，你就是一个真正留意孩子行为、真正关注孩子的教师了。因此，当你因为一个孩子不当的行为需要与他的家长取得联系时，他的家长会更容易接受你所说的话。再一次强调，这不是什么高深的科学，这就是人性的本能！

最重要的，不久你会发现，由于学生意识到你会注意到他良好的表现，他就会做得更好。这是一个非常实用且简单的技巧，你每节课只需花费一分钟的时间。真的只需花费一分钟的时间，你就会从学生那里得到好多个“几分钟”的良好表现。

编后语

向家长寄送“快乐小纸条”,可以加强你和家长、学生之间的关系，改进学生的行为，还有你自己的心情！简单、有效且便利！作为一则箴言，写一张“快乐小纸条”，让学生的行为变得更为出色！

9

让学生给家长也写一张小纸条吧

课前思考

一个小小的心理学技巧可以意味深长哦！多年以来，教师们一直在是否要写一封“您的孩子真的在我的课堂上表现得很糟糕”这样的小纸条而纠结。通常情况下，这样的小纸条所要传达的信息正是他的孩子在课堂里做了什么或是没有做什么，还有就是对别的同学做了些什么。但是，这种小纸条往往会出现信息的传递错误或者失去原本该有的效果。

亲爱的家长

今天在我的课堂上，您的孩子表现得非常不好，
我真的不愿意写这张充满负面情绪的纸条给您，
但我还是给您写了这张纸条，
我想您也希望对孩子的情况有所了解吧，

我希望您能好好跟他谈谈并给他点儿颜色看看，
希望您教育过他后，他能给我少带来点儿麻烦，
如果我们不及时遏制他的错误，想必他会得寸进尺！

亲爱的老师

我收到您的纸条并和我的孩子谈话了，
但他说并没有这么做，
他告诉我不管他做什么，
您总是有不同程度的误解，
行为是需要改变，但是我想应该从您开始，
我们希望您能向我们所做的行为表示歉意！

上述的交流方式是不是似曾相识呢？
如果是的话，我们有一个解决方法！

课堂方法 / 技巧

告诉你的学生，你不会再给家长写告状的纸条。下达这个通知后，你迎来的将是学生的欢呼声和在他们的脸上终于松了一口气的表情！告诉他们："但你们自己要给家长写小纸条。你们已经长大了，我相信你们自己也能写得很好的！"请注意，不要用嘲讽的语调对孩子们说，要表现出你希望他们是在帮你一个忙！一定要注意！

下一次，当有的学生表现不好，你又希望他们的家长知道此事时，让他们自己写这个纸条。例如：苏珊对莫妮卡说了脏话，而苏珊说脏话的行为逐渐变成了一种习惯。你要对苏珊说："我想你应该知道你

的家长有必要知道这件事情，所以要写个小纸条告诉他们发生了什么事情。”告诉她把她所说的“脏字”写下来也没关系，苏珊开始不情愿地写道：

亲爱的爸爸妈妈：

在今天的课堂上，我叫莫妮卡 ××××× 了。

爱你们的，

苏珊

教师签名：××××

家长签名：××××

（我们确定你可以想象到空白处会填写的内容。）

你当然要署名，然后让苏珊把这张小纸条带回家，告诉她把这张小纸条明天带回学校。你会惊讶地发现，你永远不会再收到家长质疑你误会他们的孩子的信笺了。这是因为，他们的孩子在她写的纸条里已经承认了她所做过的事情。这张小纸条是学生自己写的，而不是你。对于家长来说，来自他们孩子的纸条不会造成太多的恐慌且更容易让他们相信。

但是，如果苏珊第二天来到学校的时候，告诉你她“忘记”把小纸条交给了她的家长呢？同样的，这儿有一个很简单的解决办法。拿起电话，让苏珊在你的旁边，给她的家长打个电话：“××× 先生/女士，我是 ×××，苏珊的老师。苏珊昨天本来要有一张小纸条给你们的，但是她忘了交给你们。为了避免让苏珊今天再给你们带回去，我在此告诉你们纸条上的内容。苏珊，来吧！”然后，你把话筒转交给苏珊。这种情况对于学生通常仅会发生一次，因为他们会尽可能地改正他们的错误和不当的行为。

编后语

当一个孩子明确地用自己的话语和小纸条“承认”自己曾经说过或是做过的事情后，你可以避免家长的责备，或是由于家长的过度反应而让事情变得更糟。让学生给自己的家长写小纸条吧！

如果一个孩子给他的爸爸或是妈妈写小纸条承认他说错了或做错了事情，他们的父母更容易相信，可能他们会生气，但孩子们的行为一定会有所改善！

10

让学生变得更有责任感

课前思考

承担一点职务可以养成一个负责任的态度！是的，许多教师都在教学中忽视了这个问题，或是没有有意地让学生变得更有责任感。

责任感，其定义是：对某人或某件事承担义务或是责任。同时，它在某种意义上也是权威的一种象征。孩子和成年人一样，在拥有某种权力或地位的时候，往往会以身作则。那些承担责任的人往往比那些身无责任的人表现得更好。有时，如果你交给那些没有职责的人一点点事务，他会变得和以前大有不同。但是，最好程度不宜过分。同样的，你不能时刻提醒这个没有职责的人他是多么无足轻重，这样一来，他就会表现得更加无所谓。现在，在我们了解了这些事实之后，看看用什么方法能在课堂上激励我们的学生吧！

课堂方法 / 技巧

尽管你是课堂中最有“权力”的人，我们还是不建议你一次性地把职责和义务交付给你的学生。我们建议你将职责逐渐分配给学生，我们同样建议你先明确谁是在班上负责事务最少的学生，然后把他们先调动起来！

下面是一个教师和我们分享的经验：

> 首先我要做的是确定哪些学生在我的课堂上担任的职责最少，然后从他们开始，让他们变得有责任感。我知道这样做一定会让我更有针对性并且让我忽略的学生变得越来越少。因此，我试着把任务分配给我的学生并让他们开始变得更有担当，我甚至还给他们的父母写了小纸条，告诉他们我对他们的孩子敢于承担责任的行为感到骄傲。尽管我在高中任教，我也采用我的妻子——一个小学老师用的方法来给我的学生分配任务。我让一个学生负责收作业，让另一名学生负责擦黑板，让其他学生负责贴纸条。我不得不说妻子的方法确实很奏效。最初，我并不相信这种方法能够奏效。但现在看来，其他教师眼中的“问题学生”在我这里却没有任何的问题。后来我逐渐加重了他们的任务，我最终的目标是教会他们对自己负责。我发现哪怕只是一个小任务也会加重他们的责任感，他们变得更有责任感后，表现也越来越好。

编后语

正如上面的教师所讲到的，在我们的评估当中，最具意义的事情是：什么是你该关注的，什么是你该忽视的。因此，给你的学生一些职责，这样他们漠不关心的态度就会逐渐消失，学生的行为就会得到进一步改善。我们相信，这个方法一定会管用的！

11

强调成功，但是不强迫

课前思考

冒着可能夸大事实的风险，我们还是希望你思考一个事实，那就是：成功孕育另一个成功，而强迫成功也会导致一系列负面事情的发生。但是，这种事情往往表现得不那么明显。如果事情如我们想象的一样简单，那么所有的教师在课堂里唯一的目标就是成功——让每一个学生获得成功，这就够了。但是，研究表明教师经常对学生进行“挫败式”而非“鼓励式”教育。进一步的研究发现，人类大脑对负面影响往往比正面的影响印象更深，记住的时间更长。而且，研究同时发现，当学生拥有负面思想时，他往往无法接受新知识。即便这是真的，解决方法也并没有那么复杂。我们不是希望学生能在课堂上取得成功而不是受到强迫吗？我们的教师是不是把强调成功作为他们的教学目标呢？然而，根据我们的观察，比起积极的观点，我们听到的更多是负面观点。当然，这并不是说所有教师给出的观点都是消极的。最优秀的教师通常不会带有消极的情绪。然而，我们应该首先承认，我们所做的一切都是希望以积极的态度来获取更大的成功。

课堂方法 / 技巧

我们了解到一位教师，她是一个在课堂中创造成功的高手。她教的都是那些“边缘化”的学生，他们在学校受过多次处分，表现糟糕，曾有被停课或开除的经历，都是一些看起来与成功根本不沾边的学生。然而每年，她都要做两件事情：她教会他们如何表现，如何取得成功。还有教师能比她做得更好吗？她教的正是她的同事们根本不想面对的学生。我们邀请她分享她的教学秘诀，下面是她向我们分享的：

> 这些学生被别人称为“坏孩子”，其中有些已经触犯了法律。在我教授的七年级学生里，他们的年纪大多是 15 岁。这些孩子除了学校，哪里都愿意去。我没有其他的选择，我想向他们证明我希望他们取得成功，这是我唯一能让他们相信自己的办法。例如，由于他们大多数人在开学第一天都无法写出一个完整的句子，而我的任务是要让他们在期末能够写出一篇有结构的论文，我就从零开始一点一点教他们。在开学的第一天，我教他们写简单的句子，然后当他们取得成功后，我就非常自豪地表扬他们。当他们看到自己的成功时，他们就会愿意做更多的尝试。

后来他们可以写出比较复杂的句子了。很快的，他们开始可以写段落。最后，在学期结束前，他们可以写小论文了！他们的表现也比最初的几个月要好得多。这名教师年复一年坚持这样做！我们多次观察她的行为，发现了她成功的一些小秘诀：

1. 她总是面带微笑。
2. 她传递她对学生坚定的信念，特别是当学生自己并不是那么自信的时候。
3. 她每次教授他们的课程都是建立在他们已经掌握的知识上，没有“超越”他们的实际情况。
4. 她知道如何用恰当的方式来“批评”学生。

经过我们对这名教师的多次观察，我们的实际意图是想找出她在课堂上曾经多少次使用了负面的话语或者情绪。猜猜我们发现了几次？没有！一次都没有！请相信我们，她课堂里的学生真的是那些“非常危险”的人物。然而，这名教师还是专注于让这些学生取得成功。当被问及是如何保持乐观、积极的教学态度时，这名教师答道：

> 对于这些学生，他们本来经历过的负面事情就很多了，我不应该再给他们增加任何的负面情绪。在他们的人生中，并不再需要添加任何负面情绪了。所以，我不会允许自己选择用负面的情绪对待他们，我知道这样不会让事情有任何好转。

我们建议你使用的就是上述教师所提及的方法。不断地努力，使你的学生取得成功。

编后语

如果你希望学生取得成功，你就应该首先给学生铺建一条通往成功的道路。

12

用你的热情感染学生

课前思考

没有什么比热情更具感召力！——塞缪尔·泰勒·柯勒律治

正如成功可以激励下一个成功一样，热情也是可以互相传染的，热情的人是“有传染性的”。但如果你把他们放置很久置之不理的话，你就很难捕捉到他们的热情了。同理，冷漠的人也是“有传染性的”，如果长时间在这样的人身边逗留，你也会变得沮丧起来。

观察一场体育赛事，请注意他们的拉拉队长和教练，你不难在他们的脸上发现热情洋溢的表情。还有那些在座位上观战的家长、朋友以及解说员，以及赛场上那些同样充满热情的运动员。现在把目光转到我们学校的大厅中。你能感受到同样的热情吗？很遗憾的是，几乎没有学校或是课堂能有这样热情洋溢的氛围。

课堂方法 / 技巧

我们请你扪心自问："我每天向我的学生展现了多少热情呢？"如果你足够坦诚，你的回答或许是："嗯，真的不多。"当我们开始从事教师这个庄严的工作时，我们有的时候真的过于严肃了。是的，通过观察，我们发现那些充满热情的教师往往很少有行为上的问题。但是，请不要误解，我们并不是说你不需要掌握课堂管理技巧和足够宽泛的知识面。这两点，你当然需要。但是一个有着中等教学水平但热情洋溢的教师往往比那些有着高等教学水平但过于冷漠的教师更能有效地把知识传授给学生。不信可以问问校长！或者问问学生！

在本书中，与所有优秀教师分享的一个小技巧就是：让你们看起来心情愉悦且充满热情。学生不会知道这种热情是否出于真心！教师对任何事物都满怀热情吗？当然不是。那么他们总会显出热情洋溢的样子吗？是的。亲爱的朋友们，这是一种职业精神。

下面做一个简单实验：假使你对热情是否能感染他人而表示怀疑，那么请假装在你的课堂上表现出热情。跟你的学生热情地问好，满腔热忱地给他们上课。假想这是你生命中最开心的一天。我们保证你会得到意想不到的效果——你自己态度上的转变、学生态度的转变以及学生行为上的改变。实际上，我们相信这个实验足以让你愿意每天在工作中投入更大的热情。试着做做！你并不会有什么损失，相反你会得到你想要的结果！

编后语

事实证明教师的热情程度可以带动学生的热情。换句话说，如果你不能在孩子们周围感受到热情，那么也许你选错了职业。孩子是这个世界上最有活力、最热情的人。所以，请以热情的态度对待他们吧，你会收到意想不到的效果！

13

找原因

课前思考

你知道的

在家中，一直有一个问题困扰着我，
所以，在课堂上我心不在焉了。
你问我是不是遇到什么麻烦了，
我回答说："我很好。"
但是我可以告诉你，
你看透了我的心。
你的关心告诉我你理解我，
你知道我已经尽我所能了，
而且因为你的理解，
我永远都不会忘记你的，

自从那一天起，我希望你能教我所有！

我们经常说，如果我们知道学生表现不好的理由，那么十有八九，我们会感到伤心而不是愤怒。然而，我们经常表现出生气或是心灰意冷，我们责罚他们，让他们不敢下次再这么做。但是，我们往往忘记最重要的事情，那就是：找出问题发生的真正原因。

课堂方法 / 技巧

我们让教师做一个“找原因”的实验，这种方法暗含了它所涉及的内容。当一个学生表现不好时，教师先要控制住自己的脾气，不要发火，和他平心静气地谈谈，问问他为什么要这样做。当然，态度要真诚，而且尽量要保密，不要把你的负面情绪带出来。如果他默不作声或者小声回答道：“我不知道。”那么，你要说：“好吧，没关系，我们一会儿再谈，你也许需要一些时间来想清楚。”然后你过一会儿再来和他交谈。通常情况下，你会发现问题的关键所在。

在我们的实验中，教师会惊喜地发现他们从“找原因”中发现了问题的真相。而且通常情况下，当他们听到真实的原因时，都会觉得伤心。

在我们的学生当中，有一些孩子承受着超出他们年龄范围的一些事情，没有一个孩子希望面临这些超过他们承受范围的事情。但幸运的是，他们还有真正关心他们的教师！

编后语

一个学生表现不好，通常是有理由的，通常这种行为是求助的一种表现。当你知道原因时，你会向他提供帮助或者纠正他的不良行为。“找原因”这个方法简单、有效且易操作。我们希望你在遇到这样的情况时，能真的去找找原因。

14

让课堂充满欢笑

课前思考

古话说："放声大笑，是世间最好的良药！"事实也确实如此。科学研究不断证明：大笑可以起到缓解压力、降血压、帮助机体对抗病症和使大脑分泌内啡肽（内啡肽：镇定、安神）的作用。并且，大笑的情绪可以互相传递。大笑过后，我们会感觉十分舒服，大脑的状态也更加清醒。当人们处于放松的状态时，脑子更容易吸收知识。当你感到愉悦时，你可能会放下那些我们经常纠结的问题与生活中的压力。

向我们展示一个充满欢笑的课堂，我们会告诉你在这样一个课堂氛围中，学生能够吸收的知识和表现往往比那些不允许嬉笑的课堂要好得多。但令人遗憾的是，现在的课堂往往缺乏欢笑。

我们采访了五个赞成课堂欢笑声的教师和五个不允许学生在课堂

上随便嬉笑的教师。我们问了一个问题：你们觉得课堂上充满欢笑怎么样？下面是他们的回答：

1. 课堂上有欢声笑语是非常必要的。它让我们所有人都有一个好心情，而且对于学生来说，我的课堂是一个安全且让人愉悦的场所。
2. 教学是一件十分严肃的事情，休息的时候可以欢笑，但是课堂的时间是用来教学的。
3. 如果我允许我的学生们在课堂上嬉笑，他们就会走神了，这样会打断我的课堂。
4. 我从事教学工作已经20余年了，每一天我都会和我的学生在课堂上分享快乐。学生需要欢乐的氛围，成年人也同样需要！
5. 如果你告诉我不能在课堂上大笑，我想我不得不考虑辞掉工作了。我不能想象一个课堂怎么能少了欢乐，但是我知道有一些课堂的确如此。
6. 允许在课堂上嬉笑会招致麻烦，这不能让学生在一个严肃的环境下专心、认真地学习。
7. 在课堂上充满欢笑，不但对我非常重要，同样，对我的学生也很重要。我爱笑，我的学生也非常喜欢我和他们融入充满欢声笑语的气氛。尽管有一些教师说，他们不确定嬉笑会不会导致纪律问题。同一个学生，在我同事的课堂上会犯纪律问题，原因是学生在课堂上禁止嬉笑。
8. 我想欢笑是一件好事，但是我怕如果允许学生在课堂上大笑，我将会对课堂失去控制，所以我还是选择谨慎地对待这件事情。

9. 我不明白为什么教师总爱板着一张脸呢？！这样不仅令教师自己难受，他的学生也同样如此。我喜欢和学生一起营造一个欢乐的氛围，但是，他们很清楚什么时候该笑，什么时候不该笑，所以“笑”从来不是我课堂上的问题。

10. 我的学生不能控制自己的笑声，所以对于我的课堂来说，这不是一个好方法。

你能很轻松地断定出哪些课堂是充满欢笑的吗？继续我们的采访，我们观察这些教师。在那些充满欢笑的课堂上，教师和学生有如下的表现：

1. 欢乐的学生
2. 心情愉悦的教师
3. 对学习充满热情
4. 学生整体表现良好
5. 充满学习动力的学生
6. 充满授课热情的教师
7. 学生热爱学习
8. 教师热爱教学
9. 课堂气氛活跃

另一方面，我们也观察到那些在课堂上不允许笑的教师和学生的表现：

1. 心情沉闷的学生
2. 情绪低落的教师

3. 缺乏学习热情

4. 学生总体表现不佳

5. 学生缺乏学习动力

6. 教师缺乏授课动力

7. 学生不享受学习过程

8. 教师不享受授课过程

9. 课堂气氛沉闷

课堂方法/技巧

请看看我们在上述这些“充满欢笑”和“沉闷冷漠”的课堂中发现了什么。现在，我们走进你的课堂，看看你看到的是什么？想想你和你的学生是否在课堂上拥有欢乐、愉悦的氛围呢？我们这里指的“笑”并不是嘲笑学生或者让他们彼此之间互相挖苦从中得到快乐，我们的建议是，希望你能开始微笑示人，让课堂“充满欢笑”，跟学生分享一些小笑话，让你的课堂充满生气！这是一件非常简单的事情，但是你的学生却可以因此表现得更好。

一个 86 岁高龄的退休教师向我们分享了她的一个秘密。她曾任教 45 年，她说：“在多年的教学中，我也曾有过不少失误，但是，我相信我做的最重要的一件事就是每天在开课前的 5 分钟给学生讲一个笑话。同样的，他们也会和我分享他们所知的笑话。我非常明确地告诉他们什么样的笑话适合在课堂上讲，所以，我不会因为笑话类型而遇到问题。每当我回顾这段经历，我都觉得这是我最值得骄傲的一件事情，并且我也是这种方式的受益者。”

编后语

事实上，欢笑是成功的一半。如果你能建立一个积极的、充满欢笑的课堂气氛，那么，那些可能在课堂上出现的问题就减少了一半！如果你不相信我们，那么你可以亲自尝试一回！

15

到底是谁的问题呢

课前思考

两个教师，一个名叫“痛苦”夫人，一个名叫“喜悦”夫人。一天，在学校开始上课前，她们两个站在走廊中交谈。“痛苦”夫人抱怨起她的三个学生：比利恃强欺弱、劳瑞懒惰、玛丽自私。而同样作为这三个学生教师的“喜悦”夫人却一言不发。她教的比利智慧，劳瑞爱心，玛丽有礼貌。所以，她不相信她的学生有“痛苦”夫人抱怨的问题。但是，如果了解了“痛苦”夫人，你也许就会相信这一切了。

为什么同样的学生们在不同的教师面前表现得有所差异呢？诚然，同一个学生在不同课堂上的表现会大相径庭。当这种情况发生时，我们觉得我们并不是在解决一个学生问题。在课堂中，往往有两种类型的问题：学生的问题和教学的问题。请注意，我们并没有说是教师的问题，因为我们确信大多数教师是在尽他们的全力做到最好。然而，有些时候，一些教师在一些情况下错误地责备了学生。问题是：一些教师不知道他们可以运用一些简单易行的教学策略，掌握了这些技巧，他们就可以看到学生完全不同的表现了。

事实是，你不能首先认为问题都是由学生造成的，除非你保证在课堂上能做到：

1. 过程清楚。
2. 组织清楚。
3. 很明确地表现出和学生关系融洽，教师充满教学热情。
4. 在学生无事可做的时候，课堂上不出现“停滞时间”。
5. 教师相信每个学生都能成功。
6. 备课方案设计得井井有条，贴近生活并且有学生参与。
7. 每个学生都受到尊重。
8. 教师不允许对学生乱发脾气，失去耐心。

结合上面的条目，看看你在课堂上做到了哪点。即便只有一条没有做到，你都要首先确定自己在做到之前不去把问题归结于学生。很多时候，你会发现是你在课堂上把如上的一条或几条忽略掉了。

课堂方法 / 技巧

拿着上面的条目，然后诚实地对照一下自己的教学方法、行为以及课堂气氛。上述的条目你都做到了吗？让我们这么说吧，是的，你有自己的教学程序，你有组织地教学，而且你通常是积极的，你让学生在课堂上非常充实等等。然而有时，即便仅是几次，你会对学生的不良表现做出反应。我们没有用“处理”这个词，我们说的是“做出反应”。也许是你的叹气，是对着天花板所表示出的无奈，是说话时的咬牙切齿，或是你脖子上暴出的青筋。想象到那个场景了吗？教师的这种反应不会让学生有更好的表现！肯定不会！

现在，挑出被你在课堂上忽略掉的条目，然后做以下的事情：标出你在课堂上缺失的那条。即使你有三到四条没有做到，仅选出一条。在这一整天里，记住这件事情。举例来说，你挑的是教学组织这一条，你明天就能马上有出色的组织教学吗？这当然不是一蹴而就的事情。那么，你能比往常表现得好一些吗？当然，我们的目标不是让你变得完美，而是让你变得更好。当你比往常表现进步一些后，就可以对着条目一条一条比对直到你确信所有的条目你都做到了。但是，每次只迈一小步就可以了。这么做后，你就会发现学生的行为也会出现改变。

编后语

在管理、组织良好的课堂上，教师和学生的关系非常融洽，如果教师确信学生能够积极地参与并且取得成绩，那么，与学生有关的行为问题就会大大减少。在你能有效地解决问题之前，很重要的一件事情就是要对导致问题发生的原因进行判断。我们给你提供一个判定课堂问题产生原因的思路。如果你发现问题是由教学所导致的，那就要及时做出教学上的调整。如果你发现问题是由学生引起的，那么试着与学生共同解决。但是请记住，最有效改变学生行为的方法是首先要把握好自己的行为，避免流露出沮丧与不满。即便是在效率最高的的课堂上，教师们一点小小的改变都可以解决很大的行为问题。

如果她可以，你为什么不能呢

“想都不要这么想”，你这么对我说，
所以我就停止了思考，
“我都跟你说过多少遍了？”
我眼都没有眨地回答道：“50遍！”
“别跟我耍花样！”你跟我说，
所以我不学习了，
当你说你在我身上看不到希望的时候，
你把我自律的泡泡打破了，
所以无论你再说什么、做什么，
我都会充满敌意。
在其他课堂上我并不这样，
你不想想这是为什么吗？
原因就是我的其他老师，
知道如何让我听话。
你看到的，她很尊重我，
她相信我可以，所以我努力做，
所以有些事情也让我很困惑，
如果她能这么做，你为什么不能呢？
甚至当我犯错的时候，
她会找出问题的原因，
告诉我如何表现，帮助我进步，
她的秘诀是什么呢？那就是耐心！所以请注意，
如果你伤害了我，那么我的愤恨就会滋长，
你对我的信任才是我真正需要的！

16

学习忽视

课前思考

有很多事情可以被说成“选择你的挑战对手”。学生始终都是孩子，需要很多关注。而教师需要明确的是：应该在什么时候给予怎样的关注。不管是积极的或是消极的关注，当学生每次想得到这种关注的时刻，他都会使出浑身解数。因此，你，而不是学生，需要去掌控课堂。你需要知道给予学生什么样的关注以及何时给予这种关注。你需要从那些优秀教师身上学到一点——学习忽视，或是假装视而不见。一些教师有时会采取“视而不见”的方式去处理问题，他们意识到，在某些情况下，最好的解决方法是无为！

课堂方法 / 技巧

很多时候，教师会停止正在进行的课堂活动，中断教学，来处理学生的问题。当然，有的时候这样处理问题的方法是正确的。例如，如果一个学生在课堂上打了另一个学生，那么很有必要停下来解决问题。然而，我们也发现许多打断教学的原因都是为了解决纪律问题。我们建议这些问题如果可以暂时忽略，或许问题可以自然得以解决。如下有一个例子：如果一个学生为了引起你的注意一直在用他的铅笔敲击课桌，这种行为可以暂时忽略。如果你让大家把课本拿出来而偏偏有一个学生没有这么做（再一次为了引起你的注意），你也可以选择忽略此事然后观察他是否会拿出课本。但是，如果你有所反应或是感到不悦，那么他的机会就来了。他会对你的反应做出反抗，以后也有可能重复出现此类问题。还有一例，如果一个学生装作在做作业，但实际是在乱涂乱画时，最好的解决方法是告诉他现在该做什么而不是奚落他。可以试着问他一个问题："比利，你介不介意帮我个忙，快点把作业写完呢？"你会惊讶地发现这个方法真的奏效。首先，你要忽略他没有做这个事实，但是实际上，你用另外一个方法解决了这样的问题。

如下是一些优秀教师在课堂上所"忽略"的事情：

1. 出怪声为了引起教师们的注意。
2. 耷拉着头。
3. 走神。

4. 小声嘀咕以激怒教师。

5. 在其他学生表示不满的时候，这个学生摔书。

6. 眼神里充满对其他学生的敌意。

7. 偶尔两个学生间的耳语。

8. 偶尔两个学生间的大笑。

编后语

如果你总是在竭尽全力地找出哪里出了错，那么你会发现到处都是。如果你每次都停下来去纠正那些错误，那你会发现在课堂上根本没有时间教学。所以，忽略一些问题吧！技巧就是：选择你的战场！可以使你免于其他的战争，也会达到你想要的效果！

17

切忌在课堂上情绪失控

课前思考

孩子终归是孩子，不是成年人，他们会随时使些小性子。这并不稀奇，不是吗？当我们决定成为一名教师的时候，我们就应该知道这些。然而，我们却常常忘记学生拥有孩子的本性，总认为他们会按部就班地表现。当孩子们逐渐长大的时候，他们会学着控制自己的言行举止。在这个过程中，他们也就逐渐长成了大人。但是，在成长的道路上，他们需要榜样来告诉他们如何自控。作为成年人，我们应该起到榜样的作用，在孩子面前控制自己的行为举止。

不要让我们知道

当你生气的时候，你要小心再小心，
不要在我们面前表现出来，
因为如果你这么做了，我们就会知道，
一旦我们知道了，你的形象在我们心中就很难改变了。
你属于我们，但是我们并不属于你，
一旦你是我们的，我们就掌握了主动权，
我们永远不会做你告诉我们的事情，
我们会给你捣乱，我们会检验你的意志，
我们不会让你轻易放松警惕的，
所以，当你生气的时候，不要让我们知道，
因为如果你这么做了，我们便会知道，
一旦我们知道了，你的形象在我们心中就很难改变了，
你属于我们，但我们并不属于你！

课堂方法 / 技巧

到目前为止，教师在课堂上犯的最大错误就是让学生知道他们的某些行为会让教师感到不满。换言之，他们对自己的情绪失去了控制。

当学生觉得抓到你的软肋时，以后每当发生这样的摩擦时你都会处于下风。当他们开始挑衅你的耐心时，你就无论如何都阻止不了他

们了。但是,等一分钟。是谁向学生暴露了自己的底线呢?是你自己。首先,在发火之前,你应该知道导火索是什么。问题产生的原因就是:你向学生暴露了你的底线。有解决的方法吗?当然。首先,你不能让学生们知道你什么时候会被激怒。你要向学生传递出这样的信息:你是不会被任何事情激怒的。一旦他们这么想,他们就会把矛头转向那些毫无防备的教师身上。

如果一个学生真的让你很生气,并且超越了你的容忍度时,你该怎么办?你要始终保持冷静,用理性的方式沉着处理学生的不当行为。这是优秀教师每次采用的方法,他们通常表现得很冷静,且事情都在他们的掌控之下,因此在他们的课堂上很少会有学生捣乱。请不要误解!优秀教师其实和他们的同事并没有太大的差别,只是他们知道如何在学生面前控制好自己的情绪。这个方法简单吗?其实不然。这个方法有效吗?是的,屡试不爽。

同样,如果一个学生在课堂上问了一个不适宜作答的问题时,这个学生通常知道他怎样做可以让你"头上冒汗"。那么面对这种情况,你该怎么办呢?只需要简单追问一句:"为什么会这么问呢?"你所做的就是"以问治问"。你不要流露出慌张、震惊或愤怒的表情。你并没有"头上冒汗",你"以问治问"作答就好了,这样的方法通常都会奏效。

编后语

当学生看到你"冒汗"时,游戏就开始了!他们会使尽各种方法做更多让你“冒汗”的事情。因此，作为一名教师，你不能让学生知道他们可以攻击或是激怒你。他们对此有没有责任呢？当然！但是，你要用冷静、沉着的方式来处理问题。要想成为一名优秀的教师，你就不能让学生知道你的底线，至少不让他们看出来。站得高，站得直，永远不要让他们看到你会被耍得“头上冒汗”。

请记住，不要在学生面前发脾气。因为一旦你这么做了，他们就会知道哪种情况你会再发脾气。一旦他们知道了，你就很难改变这种形象了。你属于他们，而他们并不属于你！

18

在学校里减少恃强凌弱的行为

课前思考

在学校，一个学生最糟糕的经历莫过于在班级里遇到恃强凌弱的同学了。通常情况下，出于尴尬，认为祸由己出，或是怕事后遭到报复，这些受欺负的孩子通常会选择默默忍受。教师应该在课堂和学校里提高警惕，避免此类问题的发生。

导致这一问题的原因有很多。有的时候，一些孩子欺负别的孩子是因为他们在家受到了这样的对待。因此，久而久之，他们就从家庭中学到了这种行为。有时，这也是一种求助的表征。还有的时候，有些孩子故意在其他孩子面前表现得强大，以弥补他们在某些方面的缺失（可能是一种有意重获某种权力的表现）。有时，这种事情可能还会形成群体势力。不管有什么样的理由，这种侵害别人的行为是非常不对的，而且是不能被纵容的。

作为一名教师，应该要注意的是：如何杜绝这种恃强凌弱现象的出现。如果这种行为不被重视，那么它就会像摇滚歌星的现场表演，没人知道接下来会发生什么！所以，不言而喻的是，纪律问题将会接踵而来。因此，教师应该在这种情况发生的初期就坚决地加以制止。同时，关注欺负人的学生以及被牵连的受害者，使用一些方法来减少这种恃强凌弱行为的发生。

课堂方法 / 技巧

减少恃强凌弱行为发生的一个最简单的方法是：拿出一堂课的时间来讨论这件事情。最好的时机就是在学年开始的时候，因为那时候是任何恃强凌弱行为还没有发生之时。为了准备这堂课，你应该让学生事先有意识地想出一些可能解决这种潜在问题的方法。和学生讨论这个问题，并试想如果他受到欺负时的感受。讨论为什么有些人会选择欺负另外一些人，讨论后应该得出一个事实：那些受害者不应该把责任归咎于自己。告诉他们一些方法帮助他们尽可能减少这种问题的发生，例如，有些时候最好的解决方法就是走开；而另外一些时候，可以和对方有适当的眼神交流（当然是要用冷静且镇定的眼神）。尽管有些时候当别人失去控制时，自己很难保持冷静，但火上浇油绝不能熄灭怒火。当恃强凌弱的事情发生时，受害者或任何目击者最恰当的处理方式是告诉教师这件事情。教师这时可以决定是否采取行动或者决定是否让学校法律顾问、校长和学生家长介入此事。

恃强凌弱的行为如果不被重视，那么它将会变得越来越糟糕。所以，应该在问题发生的时候马上进行处理。和不同年龄段的学生进行角色扮演不失为一种有效的方法，学校的法律顾问可以经常参与这样的讨论和活动。

首先，你要做的是预防此类事情的发生。再次，要意识到这可能是一个普遍存在的问题，通过这样的讨论，学生会知道大多数人可能都会遇到这样的情况。你要做的是告诉被欺负的孩子他们并不是孤单无助的，你关心他们的感受和经历。

当然，我们并不建议说如果一个学生欺负了另一个学生，你立刻召集全班学生来讨论这件事情。当这种情况发生时，我们建议你单独和欺负人的学生和被欺负的学生进行谈话。当然，你要试图了解恃强凌弱者的根本动机，然后帮助他意识到他的做法是错误的，并且告诉他一些恰当的处理方式。正如我们上述提到的，学校管理者、学生家长或者学校的法律顾问应该共同参与以便更有效地解决问题。另一方面，对于受害者，你应该私下单独找他谈话，一定要是私下的！我们发现有很多教师不仅等到事情发生后才会去解决，有的教师更是等到问题升级后才去处理。这是不对的，我们应该以预防为主，而不是任由它发生。

编后语

尽管我们并不建议在处理恃强凌弱事件时采用“权宜之计”，但是教师们可以采取以下几种方式：

1. 在事情发生前组织学生讨论。

2. 为可能受到欺负的受害者提供解决方法。

3. 留意这种侵略他人的行为，发现问题时立刻解决。

4. 当这种情况发生时，找欺负人的学生谈话，找出问题的症结所在，并帮助该学生寻找解决问题的合理途径。

5. 在适当的时候，请学校的法律顾问、管理者及学生家长共同参与。

6. 分别找当事学生单独谈话。

7. 帮助受害者意识到他并没有做错什么，因为受害者通常会责备自己的行为。

8. 告诉所有学生，如果他们看到了此类现象的发生，他们应该向老师汇报。

9. 时刻保持高度警惕，保护你的学生。

当恃强凌弱者不能再任意摆布他人时，纪律问题就很快会减少了！

19

掌握私下练习环节

课前思考

当一个学生在课堂上表现不好时，他这样做通常是希望你对他的行为有所反应。当他知道他有观众（他的同学们）时，他在同学面前会尽情表演。如果你和大多数教师的处理方式一样，那么他的行为几乎不会有所改善。事实上，这种情况会更加糟糕。但是，当你和学生一对一地处理这种问题时，即便是最难对付的学生，这种行为也会逐渐消失。以下是我们纠正学生（不同年龄段）的不当行为时惯常采取的方式。

课堂方法 / 技巧

私下里和学生谈话，"我注意到你在课堂发言前忘记举手了。但是，先不要为忘记举手这件事情而感到太自责，作为成年人，我也经常忘东忘西。但是我知道，如果总这样，你会在朋友面前不好意思的。所以，我希望能够帮助你。先别急着谢我，今天我会把我的课余时间留给你，咱们一起练习，相信你会做得很好。经过反复练习，你就不会时常忘记了。我很高兴为你这么做，那么我们午休时间见吧。”就是这样。首先，你要装作你认为学生是忘记举手了。当然，你知道他是有意不举手就发言的！问题的关键是，你不能用嘲讽的语气跟他这么说，你要告诉学生你是用自己的课余时间很有诚意地帮助他。知道你刚才做了什么吗？你并没有说是占用了他的课余时间，而是说你把自己的休息时间给了他！

学生课余时间找你时你应该说：“谢谢你能来！现在，我们假装是在课堂上，而你此刻有想说的话。告诉我你该怎么做让老师知道呢？”学生可能会慢慢举起手，然后你应该说：“做得好！接下来，我会给你 15 分钟的时间练习。你觉得你有必要再练习吗，还是你已经觉得掌握好了呢？”学生通常会说：“我学会了。”然后你说：“太好了，那我们明天见。哦，如果你明天还是忘记了，那就是我的错了。那可能是因为我没有给你足够的时间练习，所以如果你需要，明天放学之后我会陪你继续练习。”

运用这种技巧不会耽误你 1 分钟的时间，但好消息是你再也不会占用休息时间来解决这个问题了。如果你在没有课余时间的学校授课，那么利用课间时间、备课时间或是午饭时间等等。

当这个学生再次出现在你的课堂上时，找机会跟他说谢谢。但是如果这个问题再次出现的话，找一个私下的场合再次练习。你还可以用私下练习的方式处理其他问题。

最后一点也是一些教师经常会问到的："好吧，如果这个学生在课余时间并没有出现，那该怎么办？"答案很简单，去找他，然后跟他说："哦，你一定忘记了我们今天约定的练习时间。我们走吧。"然后冲他微笑一下。

编后语

私下练习技巧虽然看似简单，但它却会产生意想不到的效果，那些告诉你私下练习技巧并不奏效的人绝对没有亲自实践过。熟能生巧，不是吗？所以，练习、练习、反复练习就可以看到学生的进步了！

20

轻声细语，好吗

课前思考

请注意这样一个事实：我们越是大声说话，别人就越没有聆听的渴望，大声说话看起来和大脑对于听的渴望是相抵触的。在课堂上也同样如此。我们注意到，在优秀教师的课堂上，他们的声音通常是平静且令人愉快的。这是因为他们知道当他们轻柔地说话时，其他人会感到说话者所传达的是重要信息，因此，其他人会认真聆听。但在那些教学方法欠妥的课堂上，我们发现教师的声音普遍要大得多。轻柔的声音通常传达的是在意和关注，大声则传达的往往是恼怒及焦虑。

但这并不是说永远不需要大声说话。如果你是在场边的足球教练，那么你有必要大声叫喊以便让边线上的队员听到你所说的话。如果一个孩子正冲着车子跑过去，你当然要尽你所能地大声叫喊，让他停下来。但是在课堂上，当教师用轻柔且冷静的声音授课时，效果往往是最好且最有影响力的。

试想以下的情景：一个学生很不高兴，并把这种怒气传达给了他的同学。这种对抗逐步升级，学生的怒气越来越大，声音也变得越来越大。这时进来的老师也开始对学生大声叫喊，让他马上平静下来，但是教师的这种行为并没有使学生间的对抗有所缓解。由于教师自己都不冷静，所以可能会激化矛盾，因此，这样的方法并不奏效。最专业的方法应该是先让气鼓鼓的学生冷静下来，他越是大喊大叫，你就越应该柔声细语。这种方法对于成年人同样奏效，火焰是要燃料才能被点燃的！所以不要助长气焰！

课堂方法 / 技巧

在课堂上衡量你声音高低的最佳方法就是：在课堂上听听自己的声音，注意你的声音究竟是高还是低。如果需要，请你的同事或者教学主任坐到教室的最后一排，听你讲几分钟，然后给你一个反馈。你甚至可以选择用录像的方法来清楚地听到自己声音的高低。关键是要找到一个平静、愉快以及不管站在教室的哪个方位，都能让学生清楚听到的声音。

另外一件优秀教师会做的事情就是：他们说话的时候会有意把身体往前倾，他们的肢体语言传达给大家的意思是他们有很重要的事情要讲。然而，他们的声音中并不缺乏热情，他们在平静、轻柔的声音中传达着对教学的热情。

当面对一个有对抗情绪的学生时，优秀教师仍能保持平静，他们的声音严肃中带着镇定。他们跟学生说话，不会冲他们大喊大叫。通常情况下，他们也会给学生几分钟的时间让他们冷静下来，然后再跟他们说话。

编后语

柔声细语表达出的是安详的举止。这种举止是有感染力的，祥和的环境有利于学生的良好表现。所以，请轻声细语地说吧！

你沉默的声音

我大发脾气——大喊大叫，
你平静地走向我，
你又走开了，仅此而已。
我本希望你同样对我喊叫，
这样就点燃了我的怒火，
我试图忘记你是我的老师，
以为你是一个跟我一样大的人。
但是你并没有生气，
至少，你没有表露出来，
我试图让你感到无措，
但是我知道，最后，你赢了。
也许你早就知道，
因为你表现出的克制，
给我上了一课：沉默的一课，
它以后会帮助我控制住我的嗓门！

21

吊吊学生的胃口吧

课前思考

当我们面对一项任务时，如果每次完成一小部分，那么我们能完成的可能要比预想的多。不论什么任务，如果我们只关注最后的总任务量，那么你很快会感到力不从心。但如果你每次只看到任务的一小部分，那这项任务的可行性看起来就会变得很高了（见第 39 章）。假设你是一个朋友生日派对的承办人，当你把目光都集中在将要准备的繁杂事务时，你会深感压力，不知所措。当这种想法出现时，你可能到最后什么都做不了。但是，如果你换个角度想想，你有一个月的时间准备这个生日派对，而你每天只需准备小部分，你就会发现这个任务不仅很容易执行，而且你还会在这个过程中自得其乐。最后，你会变得信心满满且把这个活动准备得很好！

怎么能把一个由五百块组成的拼图完成呢？一次找到一块对的拼

在正确的位置上。用什么方式读书呢？一次一页。怎么吃一个大香蕉？一次一口！怎么能让学生感到成功呢？那就是：一次教学生一点儿，一次让他们完成能够完成的任务量。

课堂方法 / 技巧

假设学生要独立地完成一个大作业，这个大作业包括：故事、照片、绘画等等，格式要按照你之前设计好的来做。由于这个大作业需要花费较长时间，所以教师决定给学生整整一个月的时间。

教师 A：周一上课的第一件事就是把这个大作业布置给学生，并且告诉他们将有一个月的时间来准备《关于我》这个大作业，然后，她告诉学生作业中所涉及的内容。最初，学生看起来都非常好奇，但是，当教师 A 用了近四页纸来解释大作业的内容时，学生顿时就失去了兴趣。他们面面相觑，似乎在说："什么？我们要做这么多事情？这简直是不可能完成的任务！"在教师 A 结束了冗长的解释后，所有的学生都感觉不知所措，显然，学生的胃口没被调动起来。他们不喜欢这道菜，所以，他们是不会吃的！顺便说一句，教师 A 从来没有在解释作业的过程中向学生展示过作品完成后的样子。最后，她问学生有什么不清楚的地方。然而，等待她的却是一片寂静！她突然觉得很有挫败感，而她的学生也有同样的感受。对于学生唯一的一个好消息就是他们可以有一个月的时间来完成这个大作业，当然，他们当中的很多人会拖到最后一个星期，甚至最后一天才会开始这个大作业。有的人，甚至在交作业的前期申请了缓交。他们的家长为此会很生气，学生也会感到很沮丧，他们的教师更会因为他们的作业没完成而感到不满，学生会没有好成绩，接下来所发生的事情你该想到了。

而教师 B，在周一上学前微笑着向她的学生问好："我今天要和大家分享一件事情，你们听后一定会非常兴奋！"然后，她之前的一个学生，迈克，手中拿着一张色彩斑斓的海报走进教室，海报的名字就是《关于我》。之后，迈克开始向同学介绍他今天来的目的，那就是，接下来迈克会把去年在这堂课上做的海报与大家分享。他向大家介绍自己、自己的家庭、自己的兴趣，而且还向大家分享去年旅行时自己在游乐场的经历。当迈克说完后，所有学生都给他以热烈的掌声，教师 B 成功地激起了学生的兴趣。然后，教师 B 让学生用几分钟的时间近距离观看作品。在学生观看时，她把作业说明放到了每一位学生的课桌上。最后，大家再一次对迈克的到来表示感谢。送走迈克之后，教师 B 告诉学生他们将在她的指导下每次完成作业的一小部分。没有人抱怨，事实上，他们看起来十分兴奋，他们现在正跃跃欲试呢！她继续指导学生，每次给他们一点儿任务。重要的是，学生应该被给予充分的选择权。学生不都是诗人，所以不要奢望每一个学生都在作业上写上一首诗来讲述他的个人经历。但是，写一首诗却可以作为作业中三个特别环节中的一个。对于大作业中的每一部分，教师都应该考虑到每个学生的差异性，因此要给学生留出可以选择的余地。教师 A 的方法中没有可选择的余地。在教师 B 的课堂上，当一个月的时间快到时，学生都完成了作业，而且所有学生的成绩都合格。其中有些学生也希望像迈克一样，能在下个学年向低年级的同学展示自己的作品。

在第 36 章中我们会讲到，即使是一小部分，某些学生也是无法完成的。

编后语

每次教学生一点儿，可以激发学生对知识的渴望。对于一个有点儿胖的人来说，慢跑一条街要比加速跑上一公里容易得多。假如一条街太长，他可以先慢跑几百米。不管怎样，如果他每次都坚持跑一点儿，他最后就会冲破终点。也许，他不会赢得奖杯，但是他却战胜了自己，完成了看似不可能完成的任务。这就是教师应该帮助学生在课堂上做到的。

就像一个大厨，优秀的教师会把他的课分成好几道菜，他会保证每道菜都被细细品味之后再上下一道菜！这样,学生会感到意犹未尽，他们的求知欲也会更强！

22

关注并表扬学生的良好表现

课前思考

在课堂上，我们需要更多的鼓励。再一次强调：我们需要更多的鼓励。在那些优秀教师的课堂上，我们通常可以看到教师持续不断地对学生进行鼓励，很少会让他们感到气馁或沮丧。最优秀的教师都很善于“捕获”学生的良好表现，而不是对那些表现不好的学生厉声斥责。他们清楚地知道什么是该被注意的，而什么是该被忽略的。

我们发现了一个非常善于“捕获”学生良好表现的教师，她说：“我只会对表现好的学生说‘我抓到你啦’。”她是在介绍吸引学生注意力的方法。起初，有些学生并没有按照这个顺序做，但是这名教师并没有拎出没有遵循这个顺序的学生进行指责，她是这样说的：“喔！你们几乎每个人第一次做就成功了。你们太不可思议啦！”然后，她再这么做一次，表扬那些按照程序来做的学生。第三次尝试后，只有一个学生没有按照顺序做。教师假装没有看到，继续进行下面的活动。她选择忽略这件事情,这其实是一个非常有效的策略。你看了，这个学生明明故意想激起教师的不满情绪。然而,她继续其他的活动，并没有给这个学生任何机会！这并不像是对一个学生起身击打另一个学生的事实置之不理，那当然不是明智之举。

我们还注意到，她在整个授课过程中，一直都在尽全力确保每位学生的积极参与性，那些她有意忽略的课堂纪律问题其实很少。她可能是没看见（学生可能会这样想）那些不好的小动作，而只注意到了学生的优良表现，因此在她的课堂上学生的表现都很好。

当然，她也向我们分享了她处理不良行为的一些方式。她很小心地选择“战场”，她解释说，当遇到那些表现不当的学生时，她一般会私下里解决这个问题。

在很多案例中，我们看到教师会经常对表现不好的学生说：“我抓到你了。”在对一名教师进行连续的观察后，我们看到了以下一些情景：

1. 在阅读课上,这位老师会有意点那个没有专心听讲的学生，当他不知从哪里读起时，这位老师会说：“是啊，你怎么可能知道呢？因为你根本没有在专心听讲！”
2. 当学生在做课堂作业时，这位老师会把和他交头接耳的学生叫起来，说：“当我让你们完成作业的时候，我让你们交谈吗？”她的声音大到足以让整个教室的同学听到。
3. 收作业的时候，这位教师注意到只有一名学生没完成作业。教师并没有注意到那些完成任务的学生，而是揪出那个没有完成作业的学生，在全班同学的面前批评了他。
4. 这位教师在口头对作业答案的时候，点了一名同学起来回答。结果他答错了，这位老师厉声斥责道："刚才我们讨论的时候，你在哪儿呢？"

很显然，这名教师不知该如何应用"我抓到你"的技巧。事实上，在整个的观察过程中，她没有注意到那些表现优秀的学生，她仅仅看到了种种不良的表现。

课堂方法 / 技巧

我们的方法很简单：某天，有意识地捕捉学生的那些良好行为。如果在那天发生了不能忽略的不当行为，请私下解决。在这一整天中，着重注意学生的良好表现，并且对他们的表现进行表扬。你越是这么做，你越会发现这个方法的确管用。我们希望你可以每天都使用到这个方法。

如果你是那个特别留意和表扬学生良好行为的教师，那么请再做得好一些。只要你的表扬恰如其分又发自内心，你就不会再为学生的表现担心了！

编后语

注意观察学生的良好表现。人人都希望他人能注意到自己的良好表现。如果非常必要，请私下责备你的学生，绝不要在课堂上当众指出他的不当行为。我们会在第 23 章中继续这一话题，告诉你如何去发现学生的闪光点！

23

寻找学生的闪光点

课前思考

一个演讲者站在他的听众前，让他们环顾屋子周围并找出任意一处有蓝色的地方，他给听众30秒时间来完成这件事。然后，他让听众闭上眼睛，回想有白色的地方。大多数听众都想不起来有什么地方是白色的。实际上，比起蓝色，屋子里有很多地方都是白色的。但很多人都记不起什么地方是白色的，而其中有些人还穿着白色的衣服！事实证明，由于他们太专注于寻找有蓝色的地方而忽略了身边白色的地方！这样做的寓意是什么？生活其实就是由那些我们所关注的事情组成的。在课堂上，道理也是一样的。如果教师只关注那些不良的行为和所有负面的信息，那他所看到的就只有这些。如果把注意力都放在课堂里的良好行为和所有积极的事情上，那么教室里的所有人都会看到这些积极正面的地方。

课堂方法 / 技巧

作为这个方法的初次体验者，首先选择一堂课，然后努力找到每位学生身上的闪光点或是足以弥补其缺点的特质。最好一一记录下来，以免忘记。接下来把这些信息告诉学生，例如，你可能对某一个学生说："我注意到你脸上经常面带微笑。某一天，当我心情不是很好的时候，我会看看你的微笑给自己打气加油。"对另外一个学生，你会说："我发现不论功课多么难，你总是不放弃。我们经常会遇到各种各样的困难，但很多人都轻易放弃了。你的身上具备那些成功人士的优点，我想你今后一定会有所作为的！"有的时候，可能就是一句非常简单的话："谢谢你帮我开了门，非常感谢。"问题的关键是"关注"学生身上的闪光点和那些足以弥补其缺点的特质——所有的学生！从一堂课开始，如果你教的班很多，把这种方法延展开来。

使用这种方法会产生什么负面效果吗？绝对不会的。关注那些积极的方面，你将会看到越来越多好的事物。

编后语

作为一名教师，我们有帮助学生找出问题并修正它们的义务，所以有的时候我们往往忽略了身边那些好的方面。我们非常善于"挑错"，因此往往会太过关注错误的地方。由于我们习惯于找出学生的不当表现，因此我们常常忘记关注他们的良好行为。所以，回到我们所说的，关注学生的闪光点并发现他们那些足以弥补其缺点的特质。关注好的方面，那些不好的方面就会渐渐消失，直至全无。另外，你的行为会让学生意识到他们哪些地方做对了，哪些做错了。亲爱的教师们，这一行为会让学生有越来越好的表现！所以，变个方式，转变你的关注点吧！

24

请把“谢谢”常挂在嘴边

课前思考

表扬，是我们给予或是收到的一份最珍贵的礼物。最美妙的事情是，当我们每次表扬他人时，至少两个人会感觉很好——接到表扬的人以及表扬对方的人！当你正在节食减肥时，是什么动力让你坚持这样做呢？是不是当别人夸你体型看起来很好，或是你的努力得到了想要的效果？表扬，实际上就是别人注意到了你的努力，这就是你为什么感到高兴并有动力继续坚持节食减肥的原因。

优秀的教师把同样的方法运用到了课堂上。每一天都去鼓励学生，让他们有更良好的表现。这些教师清楚地知道这些被注意到的良好行为通常会不断重复。他们知道什么样的表扬是学生愿意在大家面前接受的，什么样的表扬会让学生感到不好意思（这时，教师会采用匿名表扬的方式），而不是在大家面前大声说：“强尼，谢谢你安静下来！”

另外一种表扬方式是："谢谢大家安静下来！"采用这种方式，也会使那些制造噪音的学生（包括强尼）想到你是在说全班同学。同时，那些表现好的学生也得到了夸奖。

课堂方法/技巧

表扬学生最简单的方法是意识到学生做了哪些值得表扬的事情，然后说一声"谢谢"。虽然只是一个非常简短的词，但是它会让学生知道你注意到了他们的良好表现，你很高兴他们有这样的表现，而且也传达了你对学生行为表示的赞赏，你认为他们是好学生。那些得到教师认可的学生会表现得更加优秀。

我们注意到，在优秀教师的课堂上，"谢谢"这个词出现的频率非常高。同时我们也发现如果教师经常说谢谢，学生使用谢谢的频率也非常高。

下面是一些在课堂上用"谢谢"的方式：

1. 谢谢大家进教室的时候如此安静，我非常高兴。
2. 苏珊，谢谢你记得按时做作业，你是个责任感很强的姑娘。
3. 西蒙，我非常喜欢你整齐的笔记。
4. 艾迪，谢谢你如此高效率地完成了作业。
5. 琳达，谢谢你今天一直坐在座位上听课。
6. 瑞贝卡，这是一个非常精彩的故事，我知道你花了很多心思。
7. 艾瑞克，谢谢你帮大家关上了门。
8. 谢谢大家啦，今天你们在小组里的表现都非常好。

9. 首先，谢谢大家在下课铃响后收拾了座位旁边的杂物。我总是告诉教室管理员他们真的不需要来打扫教室了，因为你们已经非常贴心地在离开教室前把座位旁边都打扫干净了。

10. 丽萨，谢谢你帮助伊丽莎白解决了问题。我知道她非常感谢你，但我也想告诉你，我也非常高兴看到你帮助了她！

请注意，绝不要用嘲讽的态度说“谢谢”。下面有一个例子：“理查德，谢谢你，你能不能安静点！”然后这个教师又转向正在说话的丹尼。嘲讽是绝不会奏效的！

请留意你在课堂上使用或者没有使用“谢谢”的次数。即使你使用的次数很多，而且是出于真心的，但还是请你再多跟学生说一些“谢谢”吧。如果你发现你不经常使用“谢谢”，那么请把它用在跟学生的日常对话中。练习使用它，直到它成为你的一种习惯！

编后语

赞扬学生的良好表现有助于建立良好的师生关系，也有助于激发学生的良好表现。所以，把感谢加在你的教学中吧！

25

别让学生难堪

课前思考

时光倒流到你的学生时代，是否有老师让你感到过难堪呢？很抱歉，我们可能在学生时期都有过这样的经历。还记得当时的感受吗？我猜你至今一定还记忆犹新，现在回想起来，可能还会感觉非常难受。你会把令你难堪的老师当做你最喜爱的老师吗？你当然不会。事实上，许多成年人承认他们一直对当年使他难堪的教师心存愤恨，当年的情形至今都历历在目。没有人会说："嘿，老师给我难堪后，更激励我想当一名好学生了。我至今仍然非常感谢她！她对我的羞辱是多么美好啊！"

这个教师也许会辩解，她使用了这种方法后发现学生的行为有了很大的改善。或许她是对的，也许学生交头接耳的不当行为确实在那一刻得到了改善。但是，这个教师没有意识到其实令学生难堪的这种方法永远不会奏效。事实上，这会引起学生的反感，从而导致仇视心理的产生。受到羞辱的学生通常会感到："哦，你让我停止说话的方式就是在我的朋友面前给我难堪？好，我也会这么干的！"学生们报复的手段可能有很多种，但没有一种会是好的。

而且，当一个学生受到羞辱后会采用某种报复手段，教师对此都会感到非常吃惊，"他怎么敢！"在任何情况下，我们都知道这种报复行为不是单方引起的，而且我们要问：是谁先挑起的呢？

课堂方法 / 技巧

解决的方法就是：留意自己的行为，并且问自己是不是有意要在他人面前使学生难堪。是不是要把没有注意听课的学生单拎出来让其他学生都注意到他没有认真听课？你会把一个学生不佳的考试分数拿到全班来说吗？如果有个学生表现不好，你会让他当着全班同学的面道歉吗？诸如此类的事情还有很多，我们就不在此一一列举了。如果你意识到你使用了以上任何一种方式来使学生感到难堪，请反思！

没有任何理由可以给别人难堪，所以，我们认为教师对学生的羞辱可以说是一种恃强凌弱的行为。教师是学生的榜样，好的榜样是不会有恃强凌弱的表现的。然而，我们遇到过一些教师把使学生难堪作为教学管理的一部分。

编后语

我们当然希望学生会有好的表现。在整本书中，我们分享了许多可以让学生表现良好的方法。通过这些方法和技巧，我们要让学生感受到自己是被尊重的，并且你的职业素养也会得以彰显。请不要通过使学生难堪来“欺压”他们，你可以采用其他方法去改善学生的行为，而不是用不专业的态度让他们站在聚光灯下接受惩罚。

我还要再冒一次险吗

我的老师正在向我们讲解一道数学题，
我假装自己都会了，
但是当考试中出现这道题的时候，
我发现自己还是不知道该怎么做，
在那一刻，
我没有举手，
对于我来说，那个时候说不懂，
会让我觉得很尴尬，
因为昨天另外一个小朋友，
承认他不知道怎么做，
我的老师非常生气，
而且她没有告诉这个小朋友怎么做，
其他人都开始嘲笑他了，
当老师把他放到众目睽睽之下时，
我还能冒这个险吗？
在这个堂课上，绝不能！

26

90/10 法则，你留意了吗

课前思考

90/10 法则说的是：90% 的纪律问题都是由 10% 的教师提出来的。没错，有 90% 的学生是由那 10% 的教师叫到办公室的。如果你对此有所质疑，那么听听教导主任预测明年会有哪位教师把学生叫到办公室吧。多数教导主任对此了如指掌，而且都预测得极其准确！这就证明了 90/10 法则是真实存在的。但是，真正优秀的教师其实很少会把学生叫到办公室去。但是，当这些教师把学生叫到办公室时，教导主任就该对该问题予以重视了。

当教师因为一点小事把学生叫到办公室时，这种小事可能是：没有及时交作业，在课堂上出怪声，发了小脾气，没有注意听课等等一些本该在教室内解决的问题（而不是办公室），教师其实就在间接地向学生（还包括办公室的其他教员）承认她没有能力在课堂内解决这些问题。因此，当这些行为不当的学生回到教室时，他就知道教师也拿他们没有办法，而且知道了怎样能使他的教师（成年人）失去控制，因此他的不当行为仍将继续而且有愈演愈烈之势。通常情况下，教师会责怪教导主任当他把学生带到办公室时，教导主任“什么都没有做”。

有解决问题的方法吗？当然有了。现在，就让我们看看优秀教师是如何做的。

课堂方法 / 技巧

优秀教师会使用一些独特的方法以避免把学生带到办公室。首先，他们会先自己处理，而不是向办公室的其他教师或教导主任寻求帮助。他们有课堂管理的妙招，尊重所有学生，懂得如何让学生充分融入到自己的课堂教学中，按时上下课，并都使用了书中所介绍的50种鼓励学生良好行为的方法。优秀教师知道如何在问题扩大之前就将它扼杀在萌芽之中。他们意识到，不是教导主任，而是他们自己才是控制整个课堂秩序的主导者。优秀教师会通过各种方法来处理课堂中出现的问题，尽量不把学生带到办公室。

但是，是不是有一些情况是一定要把学生带到办公室的呢？嗯，是的。但是这种情况出现的频率极少。还是那句话，90/10法则。然而，很多优秀教师会使用一个非常聪明的技巧，那就是让学生觉得自己有去办公室的必要。这个技巧能让学生自觉地走进办公室！现在，就让我们看看这些教师是怎么做到的吧！

开学第一天，教师在向学生介绍最重要的课堂纪律时说道：“我想让你们知道，我不会因为你们在课堂上表现得不好就把你们带到办公室。”听到这个消息，学生通常都会欢声雀跃。然后，教师继续说：“也许，你会自己走进办公室哦。”学生脸上的表情顿时由欢喜转为疑惑。教师说道：“办公室也有自己的一套规定，如果你们违反了规定，可能就要自己来办公室了。比如说，办公室的其中一条规定是：如果任何一个学生和其他人发生了身体对抗，那么你就要自己来办公室告诉老师发生了什么。你先不用因为会发生此事而担心，但如果真的发生了，我会尽我所能让你觉得不那么别扭。我会到教室帮你把作业拿过来！”所以，如果一个学生打了另外一个学生，作为教师，你只需说：“道格拉斯，你知道现在要去办公室了，何不让你自己先冷静一会儿然后让我回教室帮你把作业拿过来呢？”

看看发生了什么？学生不得不为他的行为负责。喔！教师此刻唯一要做的就是帮道格拉斯把他所有的作业和东西拿过来。问问那些使用该技巧的教师，他们会告诉你这个方法真的很奏效！

编后语

在优秀教师的课堂里，学生从开学的第一天就被告知他们做什么是要去办公室的，因纪律问题被叫到办公室跟教师对某一学生所表现出的愤怒或沮丧毫无关系，只跟违反规定这一事实有关。这没有什么好惊奇的，因为学生知道什么样的行为对应什么样的结果。如果学生因打破规定而进办公室，那承担责任的是他们，而不是教师。在优秀教师的课堂里，有多少学生因为打破规定而走进办公室呢？非常少！请加入到那 90% 的教师行列中来吧，与优秀教师为伍，你一定会成为赢家！

27

向学生证明你是真心关心他们的

课前思考

最有效改善学生行为的一种方法就是：让学生相信你和他们并肩作战，是真正关心他们的人。我们留意到当学生相信教师关心他们而不会把他们拒之门外时，他们的行为就会有大大的改善。相反的，当学生坚信自己的教师并不关心或是喜欢他们时，就会把教师视作自己的敌人，用和教师对抗的方法来保护自己。同时我们也注意到很多教师都做得不到位，没有让学生相信自己是真正关心他们的！

试想，如果你知道某人非常不喜欢你，而你却非常喜欢他，是不是就会有麻烦出现？这是因为你不会喜欢一个毫不在乎自己的人。在课堂中，事实也是如此。

最容易让学生相信你关心他们的时刻，就是当他们表现不好或是行为不当的时候。虽然教师期望得到一个正面的结果，但结果通常都是负面的。当一个学生表现不好，教师立刻表现出一贯的负面态度时，事情往往就会朝着负面的方向发展。例如，一个学生没按顺序发言，如果教师当着全班同学的面指责他的行为，那他几乎不会改正自己的行为。他也许会暂时停止自己的不当行为，但很快就会故习重返了。当众谴责一个学生，让他在同学面前难堪，这并不是一种表示关心和在意的方式。因此，即便一个学生表现不当，如果他没有感到教师对他的关心，他也绝不会感到自责或是有悔改之意。接下来的技巧是一个非常棒的方法，它能让表现不好的学生真正感到你对他的关心和在意。

课堂方法 / 技巧

在第 4 章中，我们分享过一个方法，我们称它为“你还好吗”。与表示生气或讽刺学生相反，这种方法传递出的是对学生的关心和在意。在下面的场景中，我们把这个方法再延展一些。

一个学生在课堂上表现不好，你把他叫到教室外，就像第 4 章中提到过的，问问他是否还好，但是首先一定要告诉学生你非常在乎他。注意到他一些优良品质并让这个学生知道你是真的关心他，认为他是一个好学生。这里有一个例子：在问过学生是否还好后，你说：“玛丽，你知道吗，我真的很关心你。你是一个天生的领导者，我知道你每次讲话时，别人都会仔细聆听，而且我知道你从来不占大家的便宜。但是，当你今天在课堂上的表现不那么尽如人意的时候，我知道，可能是有些地方出了问题。我不喜欢你今天做的事情，但是你要知道，我喜欢你。如果你需要有人聆听发生了什么事情，我非常愿意与你分担。

我们把这页翻过去，现在回到教室，好好上课好吗？”

这个方法总共花费不过半分钟的时间，但是它却会有出其不意的效果。学生真正感到你在乎他的一举一动，并且希望他成为一个好人。这难道不正是我们希望所有学生都相信的吗？

编后语

那些把关心传递给学生的教师通常比那些没有这么做的教师在课堂上面临更少的纪律问题。当学生相信你是真正关心他们的时候，他们就会更好地表现。所以，向学生证明你是真正关心他们的，那么你面临的纪律问题就会越来越少。

28

你是一个和蔼、友好、充满动力的人吗

课前思考

如果学生像我们一样和蔼、友好又充满动力，那生活将是一件多么美好的事情啊！现实生活中，他们是这样吗？其实，学生在课堂上的态度与行为往往就是一面镜子,反映了他们教师的一言一行。因此，我们首先应该仔细审视自己，我们是不是一个和蔼、友好且充满动力的人呢？

课堂方法 / 技巧

在此介绍的方法就是来测试一下作为教师，你是否做到了和蔼、友好且充满动力。下面罗列的一些条目是一些基准，用来帮助你再接再厉。请直言不讳地回答下列问题：

1. 我经常在学生面前微笑吗?

2. 我有意识地向我的学生表示友善吗? ——是所有的学生,每天吗?

3. 不论什么情况,我都能以彬彬有礼的态度对待他人,成为学生的榜样吗?

4. 当我上课时,能展现得热情洋溢且充满动力吗?

5. 即使我在批评一个学生的时候,也能控制好自己的情绪,以尊重的态度对待学生吗?

6. 无论何时,我都能以恭敬有礼的态度对待他人吗?

7. 每个学生都知道我很喜欢他吗?

当看到上述问题时,你是否能找出其中一两个你平时忽略的地方呢?即便你感觉自己每天都做到了以上几点,那么你是不是可以做得更好一些呢!

请不要为如果你变得非常友善,学生就会在你面前为所欲为而担心。只要你的学生清楚你对他们的期许,只要你坚持对他们的期许,你就会渐渐看到学生的变化。那些最优秀的教师通常是我们见到过的最和蔼可亲的人!

编后语

学生用最好的表现和学术上的成绩来回报那些他们认为和蔼、友好且充满动力的教师。作为额外的奖励就是,他们很快会成为一面镜子,来效仿你的一举一动。同样,我们也会有这样的思想斗争:那些不太和蔼、不太友好且缺少动力的教师同样会把这些态度传递给学生。所以，作为教师，首先要让自己变得和蔼、友好且充满动力，这样你的学生才能效仿你的优秀表现!

29

摘下学生的面具

课前思考

每个学生都有自己的故事。尽管我们试图去了解每一位学生，但有的时候我们却并没有真正读懂他们。每一个好的表现或是不好的表现背后都有原因，每个原因都是由学生的故事引起的。有些学生的故事中充满了悲情色彩，更有一些学生目睹或是经历了其他孩子，甚至是成年人都未曾体验到的事情！

每次教师都忽略了引起学生不良行为的原因。有些原因可能是课堂中的某件事，但很多时候，事情的原因通常都来自课堂外。

学生经常会戴着面具——用面具来掩盖自己的内心。有时候，在面具背后，可能是出于羞愧，有的时候可能是因为恐惧，还有的时候可能是因为自己所承受的痛苦，很多时候这些表现被愤怒的情绪所掩盖。让学生相信成年人真的很难，因此，他们才会戴上面具。但在那些优秀教师的课堂上，学生永远不会戴面具。

课堂方法 / 技巧

对于学生们，教师通常需要有“三部曲”来揭开学生各式各样的面具。首先，教师们必须意识到每一个学生都有一个面具！其次，教师必须要试图看到面具背后发生的事情。最后，也是最重要的就是，教师绝不能仅以主观臆断来评判学生的行为。就像我们早先提到过的，如果我们了解学生背后的故事，十有八九，我们感到的不会是愤怒而是心痛。优秀教师首先遵循的是前面的“三部曲”，他们在日常行为中证明了自己是可以信赖学生、在乎学生感受且有职业素养的人。他们从不会伤害学生、使学生难堪或者贬低学生，因此，他们也获得了那些不轻易相信别人的学生的信任。

编后语

我们用下面的小诗来做个生动的描述。

在面具背后

如果你真的了解我，那么你一定会知道，
我的不好表现其实就像一个小孩子，需要你知道，
我需要你的爱——我需要你关爱的微笑，
我需要每天都受到你的重视，哪怕只是一会儿，
我需要你把你的知识都教给我！
也许马上做到这些并不容易，但是有一天，你会看到，
我需要很多耐心——我需要你的轻声细语，
我需要你来帮我做出更好的选择，
我知道这并不容易——我会经常考验你，
但是老师，你一定知道坚硬如石的心一定会被慢慢抚平的，
所以把我当做是你的一个挑战、任务或是使命吧，
你将会发现藏在面具背后的那些好的事情！你一定会的。

30

不要让学生的坏情绪沉淀

课前思考

保罗心情沉重地走进教室。“忽略”教师看见保罗心情不悦地走进教室,但她并没有理会。“他总是心情不好,”她这么自言自语道。“他想引起我的注意，但是我并不想这么做。”保罗把头趴在桌子上，不去做他的课堂作业。他的情绪变得更糟糕，“忽略”教师也被保罗的这种态度所激怒，对抗开始升级。

保罗走进教室，显然带着不悦。“你怎么敢”教师看到保罗心情不悦，然后对他说：“你怎么敢把这种态度带进我的课堂呢？年轻人，把你的怒气留在教室外！”保罗心想：“你知道我发生了什么事情？你怎么在我心情不好的时候对我如此无理！”保罗把书一摔，“你怎么敢”教师对他进行呵斥。保罗开始跟老师顶嘴，矛盾升级。

保罗走进教室，显然带着不悦。“我在意你”教师站在教室门口向她的学生问好，她马上就意识到保罗的心情有些异样，然后她关心地向询问保罗：“你还好吗？”保罗告诉她，他不好。然后“我在意你”教师继续说：“你看起来有些不悦，我很难过看到你这样，如果你需要找个人谈谈，我一直在你身边。如有你感到非常难过的话，我可以和你到教室外面去聊一聊。”保罗对她表示感谢。然后走进教室，安静地走进教室，然后开始他的功课。“我在意你”教师走到他的身边然后低声说：“保罗，我为你感到骄傲。尽管你心情不好，但你还是走进教室开始了今天的学习，你真的长大了！”保罗对教师表示了感谢然后继续做功课。

课堂方法 / 技巧

“忽略”教师解决问题的方式反而将事情变得更糟。当然，忽略学生的某些行为是正确的。但是，这次并不是合适的时机，保罗需要在他感到沮丧的时候有人在意他。

“你怎么敢”教师的方式，尽管不同于“忽略”教师，但同样也将事情变得更糟。保罗已经感到不悦了，而且由于教师的态度，这种不悦最终升级为了怒气。

“我在意你”教师懂得如何让保罗的心情平静下来。除此之外，她知道如何用真诚的方式关心保罗，就像关心她的每位学生一样。她意识到了问题的所在并很好地解决了这个问题。她让保罗平静下来的方法就是让保罗知道她注意到了他的不悦，她关心他并且在保罗需要交谈的时候在他旁边倾听。而且，她赞许了保罗之后的懂事行为，并为此感到骄傲和自豪。

编后语

当学生心情不好地走进教室时，不要对此置之不理，这只会让事情变得更糟。学生需要知道你在乎他们，像“我在意你”教师一样，问题就会变得越来越少！

31

做一个乐观的教师

课前思考

每一个人都知道，在自己身边谁是最乐观的人。学生知道，教师知道，教学部门的同事知道，学校管理者知道，家长也知道。那你知道吗？请回答这个问题：在学校里，谁是最乐观的人呢？用几秒钟的时间想想。在脑海中描绘他的模样，然后想想你为什么会选择这个人呢？这个人平时是怎么对待你的呢？这个人又是怎样对待学生的呢？试想想，在他的脸上，经常有什么样的表情出现呢？

好啦，告诉我们这个人的名字是什么？我们希望那就是你自己！你是这个人吗？如果不是，为什么呢？如果你想到的不是自己，那么说明你可能还有可以改进的地方，你还不是一名优秀教师。如果你想到的正是自己，那么，恭喜你！我们希望你能一直成为学校里最乐观的人。但是尽管你没有想到自己，你仍然可以变成学校里“最乐观的明日之星”。

课堂方法/技巧

除了家长，我们就是学生形成乐观态度的榜样，因此我们对他们负有责任。我们要尽可能成为最乐观的人，尽我们所能去感染学生。这个任务非常艰巨，但是，这确实值得每位教师的付出——影响那些年轻的生命并且照亮他们的未来！

所以，请严肃对待你的职责，并且成为学校中最乐观的人吧！常常微笑，礼貌对待你遇到的每个人，用热忱的态度投入到教学中去。坚决抵制流言蜚语和那些主观的评价，真正做一个学生需要的好教师！

编后语

当学生想到你的时候，希望你是他们眼中那个最乐观的教师！好吗？

最乐观的教师

谁是学校里最乐观、最敬业的教师？
如果不是我的话，
我想那我就太蠢了。
任何一名优秀教师，
都清楚一件事情，
那就是，学生需要一个乐观的教师，
这比任何一件事都重要，
所以，今天我要开始做一个乐观的教师。
当我转过头时，我的学生会说，
我是他们所见过的教师中，
最乐观的那个！

32

关注学生的兴趣

课前思考

学生通常在那些真正关注他们的教师的课堂上表现良好，而对那些并不关心他们的教师的课堂上表现则恰恰相反。向学生证明你是关心他们、认可他们的，并真正地发现他们的兴趣所在，这样他们就会对你的课堂感兴趣，而且一般也不会存在行为不当的问题。

向学生证明你关注他们的方法之一就是了解他们的兴趣所在。他喜欢什么呢？他对什么感兴趣？他经常参加的课外活动是什么？有些学生对体育运动感兴趣，有些学生对其他事物感兴趣。很多学生有机会参加学校的兴趣活动,但并不是所有的学生都这么幸运。不管怎样，所有的学生都有各自不同的兴趣爱好。是的，学生都会有自己喜欢做的事情，现在你的任务就是要找出他们到底喜欢什么。

课堂方法 / 技巧

想了解学生的兴趣，最好的方法就是直接去问他们。组织一次讨论活动让学生与你分享他们的兴趣所在，另外一种受欢迎的方式就是让学生写一个兴趣目录。这种目录非常受教师欢迎，教师就可以保留这个目录，常常翻看它，然后试着把学生的这些兴趣点和日常的教学结合起来。另外还有一种方式，那就是观察学生的言行。如果玛丽总喜欢读课外书，那么你可能从中了解到两件事情：玛丽可能比较内向，不太愿意和其他人交流，还有就是玛丽非常喜欢读书。当你得知这两件事情后，你可以让玛丽试着参与一些集体活动，让她慢慢可以自在地跟其他人进行交流。你还可以通过她读书的类型发现她的兴趣所在，甚至可以给她一些读书上的建议。如果丹总是一副盛气凌人的样子，你可能会从中发现他的理想，那就是他希望做个领袖。你可以帮他改变自己的态度，培养他的领导风范。如果汤姆非常喜欢滑板，你可以问问他关于对这项运动的看法。你可以让他在物理课上写一篇关于滑板运动的文章或者在其他涉及到运动的课程等等。另外一种向学生展现你对他们感兴趣的方法就是参与他们的课后活动，跟他们一起参加体育运动、舞蹈训练、诗朗诵或者合唱团等等。

最后，我们和大家分享一名优秀教师的亲身体验：

马洛是一个非常不喜欢参加集体活动的学生，她的教师对于找出她的兴趣所在这个问题感到很棘手。马洛的兴趣目录中什么都没有填，而且当问及她的兴趣所在时，她说她没有任何喜欢的东西。此外，马洛也不喜欢和别人进行眼神交流，她的课堂作业完成效果也不尽理想。她的教师知道马洛的这种情况亟待改善，所以，她开始近距离地观察马洛的一举一动，以便找出马洛的兴趣所在。不久，教师发现马洛是一个非常喜欢整洁的人，她把自己所有的东西都归置得井井有条，而且黑板报上的书写也非常工整。当她修改某处时，会非常小心以便不留下任何修改痕迹。好，找到啦！一天，教师找到马洛然后说："马洛，你是我见过的最井井有条的学生！我对你喜欢整洁的习惯表示赞叹！我非常希望向你学习，同时我也非常希望得到你的帮助。"长话短说，马洛成为教师布置教室的小参谋。她帮助教师规划教室的布局并且提供了很多实用性很强的建议，她和教师讨论电视里那些专业人士的布局技巧。不言而喻，当马洛意识到自己的兴趣，而且知道这对自己的教师很有帮助时，马洛开始愿意打开自己的心扉与别人交流了。

编后语

学生喜欢并且需要感受到他们的教师找出了他们的兴趣所在。告诉学生你喜欢他并且知道他喜欢什么，你就已经建立起了和他们的紧密联系，学生就会表现得更好。这是非常有意思的事情！

33 “救命稻草”的重要性

课前思考

事实：儿乎所有学生都喜欢帮教师的忙。这仅仅是因为这可以给他们提供了一个可以离开教室的机会吗？不，不是的。当教师让学生帮他跑个腿儿或是完成一项特殊的任务时，学生会感到自己的重要性。所有学生（所有人）都喜欢感到自身存在的重要性，是的，对于学生来说，离开教室一会儿就像是放一个“小假”。并不是所有学生都合适帮你跑个腿儿，但是，所有学生都应该有为教师做点儿什么的机会。请记住，不一定在教室外帮教师的忙，在教室里也有很多事情可以做，比如：把一把椅子从 A 处挪到 B 处或者整理作业本、削铅笔等等。

有些时候，你仅仅需要给一个心情低落的学生去外面透透气的机会。有的时候，你可能需要让一个学生感到自己的重要性和使命感。

不论如何，一次帮忙可以像“救命稻草”一样。

课堂方法 / 技巧

一个简单的方法就是“制造问题”：和在对面上课的教师达成共识。告诉这名教师，有的时候你可能会让一个学生过去找他，不论出于何种原因。你可以让这个学生给他带去一个密封好的白色空信封，当然，这个学生并不知道信封里其实什么都没有。所以，请在你教室的抽屉里事先藏好一些密封好的信封。当你需要学生去外面透透气时，不妨使用一个这样的信封。在对面上课的教师会谢谢这个送信的学生并目送他回到教室，就是这样，简单而可行的办法！

实际案例一：马库斯心情沮丧，小声地嘟嘟囔囔，看起来好像正在气头上。作为教师，你需要把他叫到外面，询问一下情况。但如果你直接把他带到教室外面，在当时的情况下，他可能会拒绝。这时你可以走向讲台，拿出一个密封好的信封，然后对马库斯说：“马库斯，你可以帮我把这封信送交给对面的巴克老师吗？谢谢啦！”而在此时，他也正想出去透透气。你可以在教室外面等着他回来，然后说：“非常感谢你帮我把这封重要的信送到了巴克老师那里。但在回教室之前，我想……”这时，你可以用平和并带关切的语气跟他聊聊究竟发生了什么事情。

实际案例二：瑞贝卡做作业时总是很磨蹭。你想找机会表扬她作业完成得是多么迅速，但是她从来没有为你提供这样的机会。这里是一个可以被视为“救命稻草”的机会！你布置了课堂作业后，转向瑞贝卡，然后跟她说：“瑞贝卡，我希望你能帮我跑个腿儿。你完成作业后，举手示意我一下，我想让你帮我给另外一个教师送点儿东西。”通常情况下，瑞贝卡会立刻开始写作业，她希望马上做完作业，然后帮你办这件事。当然，她并不知道你是用这个机会帮她取得进步。当她以最快的速度完成作业后，你可以把密封好的白色信封交给她。她回来后你可以说：“谢谢你帮我办了这么重要的一件事。另外，我还要谢谢你这次这么快速地完成了作业。你自己注意到了没有？你介不介意我写一张小纸条告诉你的父母我对你的表现感到非常骄傲呢？”

这仅仅是两个例子，但我们相信你使用完这个方法后，就会发现你其实有很多“制造问题”的机会。

编后语

1. 学生希望体会到自己存在的重要性。
2. 几乎所有的学生都喜欢为教师跑腿儿。
3. 教师可以用这个方法让学生透透气，帮助学生意识到自己的重要性，制造一个表扬他们的机会等等。
4. “帮忙”对于学生和教师来说，都是一根“救命稻草”。

34

勇于承认错误

课前思考

作为一名教师，我们都为自己制定了目标，并且都会努力为之奋斗。如果你期望成为一名“完美教师”，我们建议你尽早离开这个职业吧！快点儿跑，不要回头看！你要知道，世界上没有所谓的“完美教师”，即使是最优秀的教师也会犯错误。但那些优秀教师不同于其他教师的一个特质就是他们勇于承认自己的错误，甚至（特别是）是在他们的学生面前。为什么？因为他们意识到作为学生的“乐观榜样”，通过实例我们知道应如何承认错误，如何使这些错误成为通向成功的基石。

课堂方法 / 技巧

请想象如下情景："我总是对的"教师正在黑板上写板书，她把"他"误写成了"她",仔细的尼克发现了这个错误并告诉了这名教师。"我总是对的"教师从来没有犯过错误，于是她说道："尼克，很好，我很高兴你看到了这个问题。我这样做就是为了看看谁更专心观察。"

请想象如下情景："我也是普通人"教师正在黑板上写板书，她把"他"误写成了"她"，仔细的卢克发现了这个错误并告诉了这名教师。"我也是普通人"教师回答道："卢克，你说的一点儿都没错，这是我的错。谢谢你帮我指出了这个错误。"她改掉了这个错误，并且把这次错误当成一个教学机会，告诉她的学生如何区分"他"和"她"。

现在让我们来分析一下上述这两种情景。"我总是对的"教师选择在学生面前掩盖自己的错误，让学生相信她是有意犯的这个错误。她并没有借此机会向学生承认她的错误。是不是有的教师真的有意犯一些错误来检测他们的学生呢？是的，当然有这种情况，两者的不同之处在于这些教师通常会事先声明："在如下我写的板书中，会有一些不对的地方，你们要仔细看然后找出这些错误哦。"

作为"我总是对的"教师，她永远不会在学生面前承认错误。实际上，当学生问她一个问题，如果她当时不知道该如何作答时，她通常会说："我知道这个问题的答案，但是我希望你做一些研究然后自己找出答案。如果现在就告诉你答案，你就不会再自己探索啦。"没有学生会知道"我总是对的"教师哪里做错了，因此，在这些教师的课堂上，学生也会觉得犯错是不对的。

在“我也是个普通人”教师的课堂上，她选择作为一个“乐观的榜样”，那就是勇于在学生面前承认自己的错误。她不仅选择承认自己的错误，更加可贵的是，她把这种情况当做是一个很好的教学时机，来帮助学生意识到“他”和“她”的正确使用方式。在“我也是个普通人”教师的课堂上，学生知道所有的人都会犯错误，但是作为一个普通人来说，这是很正常的。作为一个成熟的人，应当做正确的事情并且勇于承认做错的那些事情。因此，在“我也是个普通人”教师的课堂上，学生不会担心犯错误，也不会掩饰他们作为普通人的天性。

编后语

我们都是普通人——我们的学生也不例外。有些时候，勇于承认错误是一件非常好的事情。它可以帮助你知道什么是错的，教师也可以帮助学生意识到错误并且从错误中获得成长！

35 眼神交流的重要性

课前思考

演讲者站在教师面前，故意向他们的头上看去，而且他在演讲过程中从没有和在座的教师进行过眼神交流，他总是四下张望或者向下看。他扫视了整个礼堂，但是从没有和教师进行眼神交流。教师们左看看，右看看，环顾四周，想知道这个演讲者究竟在看什么，他们感觉这个演讲者并没有给予他们足够的关注。教师满带疑惑，开始分神了。就在教师开始走神的时候，演讲者开始注视那些没有注意听讲的教师。当然，这让那些听讲座的教师感到很不舒服。最后，演讲者承认他正在和教师做一个实验。他让在此听演讲的教师做一下换位思考，他们是不是在课堂上也极少跟学生进行眼神交流呢。他同时也证明了眼神交流的重要性。“你们看到了，”他说，“教学要求教师充分展现个人魅力，以建立起人与人之间的良好关系。如果学生不相信你是真的关心他们，那他们就不会对你想要教授给他们的知识感兴趣了。”

为了教授学生知识，首先，你要建立起和他们之间的良好关系，让他们知道他们对你有多重要，其中最好的方式就是通过积极的眼神交流来告诉学生他们在你心目中有多重要。同时，作为学生的榜样，在你说话或者听学生讲话的时候要有意识地看着他（通常还会点头示意），同时你会发现学生也会用同样的方式跟你进行交流。

有些时候，教师会无意识地停留在教室的某个地方讲课，他们的目光通常停留在教室的前部或中心。教师通常不会跟距离自己的“舒服地带”较远的学生有任何的眼神交流，除非他做错了什么，那时教师会用最严厉的目光盯着他。这种情况下，学生从教师的眼神里感受到的是恐惧和惊恐，所以他们从此再也不会和教师做任何的眼神交流了。在教室里，我们通常会听到教师这样说：“在我说话的时候，看着我！”当然，这并不是建立眼神交流最恰当的方法。

还有一种教师经常犯的错误：他们总是在不停地忙碌着。他们总是在忙，比如批改作业。如果教师在批改作业时学生走过来问问题，他们通常会头也不抬地作答。这是一个大错误！当然，你是个大忙人，但是还没有忙到没空抬头回答学生问题的地步！请注意这个问题！

课堂方法 / 技巧

请注意训练自己眼神交流的技巧。每一天，都注意用积极的眼神和学生进行交流。在他们走进教室的时候，微笑着向学生问好，在教学过程中有意识地和每位学生进行眼神交流。当学生有问题向你请教或是跟你分享其他信息的时候，请看着他们的眼睛。如果你觉得这样做有一些奇怪，那么你需要练习眼神交流的技巧。同时，当你生气或者感到不满时，请不要盯着学生一直看。你用这种方式看着学生通常传达的是一种对他的失望和愤怒，严肃的眼神不同于消极的眼神交流。

即便你认为自己已经学会了如何用积极的眼神进行交流，在课堂上也要多加练习。实际上，积极的眼神交流可以活跃课堂气氛。学生只有在教师不关注他们的时候才会出现纪律问题，所以经常和他们有意识地进行眼神交流吧！

编后语

积极的眼神交流有助于建立良好的师生关系，消极的眼神交流通常会破坏教师和学生间的这种关系。严肃的眼神交流不同于消极的眼神交流，所以，教师需要用积极的眼神和学生进行交流，这样用消极或严肃的眼神来对待学生的情况会越来越少！

看着我，并且让我看到，
你正在聆听我的讲话，你关心我，
当我知道你是出于真心的，我同时也会，
以同样的方式来回报你！

36

请充实你的课堂

课前思考

一名教师向我们分享了如下情景：“我清晰地记得当时发生的事情，就像是昨天发生的一样。那是我第一年从事教学工作，我跟学生说：‘我们离下课还有 1 分半钟了。如果你们能保持安静，我就不再要求你们做其他的事情了。’但接下来他听到的是学生的一片吵闹声。教师开始想，‘看到了吧，你就不能给他们一点点的好处。他们真是得寸进尺啊！’”然而，这名教师没有意识到这种情况完全是可以避免的。她需要了解的是：如果你给一个学生，任何年龄段的学生，10 秒钟的时间却什么都不让他们做，他可能会找出其他事情来做！每一次都不例外，大多数情况他们会选择捣乱。这名教师在那天给自己上了宝贵的一课，那就是要充实课堂教学，不要让学生有闲置的时间！

课堂方法 / 技巧

如何让学生在课堂上过得充实呢？最简单的方法就是准备一系列不需要花费太长时间的活动。比如：如果你计划做一个30分钟的活动，一些学生可能只用了15分钟就完成了，但是另外一些学生可能会花费30分钟，甚至更多时间来完成，这就意味着有些学生将会无事可做。这时候教师可能会这么对做完任务的学生说："看看课外书吧。"然而，优秀教师则会设计一些时间较短的活动，这样所有学生都可能在规定时间完成。这些教师清楚地知道当学生开始为完成任务忙碌时，他们通常不会有什么纪律问题。这些活动甚至都不给学生留下可以去"开小差"的时间，课堂活动一个接着一个，学生过得非常充实，他们讨论活动内容、解决问题，并动手进行实际操作。

下面有一些小技巧，以便教师设计一些让学生可以积极参与的活动：

1. 设计以学生为中心的活动，充分调动每位学生的积极性。
2. 设计那些短小的活动，可以让学生迅速进入下一项目活动。
3. 设计可以让所有学生参与的讨论环节。仔细筹划并引导学生进行讨论，要让他们感兴趣、有参与意识，并融入其中。
4. 设计小组活动，并且保证每一个组员在小组中都有不同的分工。
5. 总是有一个到两个"附加活动"以防之前设计的活动都完成了且还有剩余时间。
6. 为任何提前完成任务的学生设计其他有意思的活动项目。一名教师还向我们介绍了另外一个可以让学生参与活动的办法。他说："我在写每节课的教学计划时都会以'学生将……'作为开头。"多棒的一个句子！每一个教学计划的开头，都以'学生将……'作为开头，你会发现你设计的活动可以让所有学生都参与其中。

编后语

学生积极地参与课堂活动可以大大减少纪律问题。

让我一直忙碌吧

忙碌，忙碌，让我一直忙碌，
这让我头晕目眩，
一个活动接着另外一个活动，
没有时间让我想其他的事情，
我的功课就已经让我忙不过来了，
纪律问题，没时间去想，
功课，功课，整整一天，
没有其他的时间调皮，
提出问题，回答问题，发现问题，得到知识，
我的成绩在忙碌中不断提高，
你让我保持忙碌并且积极参与，
我一点儿都没有时间捣乱，
当我意识到这点的时候，一天的课程已经结束了，
学习知识，在你的课堂上，是一件多么快乐的事情啊！

37

微笑，微笑，微笑吧

课前思考

微笑还是不微笑呢？

我是一名新教师，

前辈告诉我要收起微笑，

那些这样告诉我的教师，

通常自己也很少微笑，

在她的额头上有深深的皱纹，

看起来永远都舒展不了。

我可不希望像她一样，

所以我试着忽略她的建议，

我注意到她的学生，没有一个，

用友善的态度对待她，

他们一下课就马上跑出教室，
当下课铃响的时候，他们尖叫着："终于结束啦！"
所以，我觉得微笑，会让我成功，
做一个快乐的教师，我的学生也会看到，
他们也会用良好的表现回应我，
表情痛苦的教师是容易变老的！

问问大多数新来的教师，他们是不是也被给予过诗里面提到过的建议？他们通常的回答都是肯定的。但实际上，那些告诉你不要微笑的教师提出的这个建议往往起不到好的效果。孩子的生活中需要快乐的人，他们需要教师经常微笑！

优秀教师不同于其他教师的一个主要特质就是：优秀教师常常在学校面带笑容。他们意识到每天作为学生"乐观榜样"的重要性。这并不是说他们就没有和同事一样的消极情绪，这也并不是说他们的生活就很轻松容易，或者说他们教的都是优秀或表现良好的学生，尽管那些总是带着消极情绪上课的教师会反驳我的观点。但是，优秀的教师知道微笑的重要性，即使是在并不轻松的情况下，他们知道如何用专业态度来对待这份工作。但是，他们不会在不恰当的时候微笑，比如，当一个学生表现不好或是需要纠正的时候。相反，他们会用微笑来减少学生的不良表现，我们将在下文中谈到这个问题。

课堂方法 / 技巧

下面是那些优秀教师通常使用的一些方法：优秀的教师知道，当他向学生微笑时，学生很难会有不良的行为，这就是为什么优秀教师经常微笑的原因。想想这个问题，是不是在别人对你微笑时，你很难做出不好的行为呢？当然了！所以，我们认为简单的微笑有助于改善学生的课堂行为。这个技巧简单易行，不会花费你任何课余的时间，也不需要任何的额外准备。微笑可以缓解压力，使学生在一个积极放松的环境下进行学习，愉悦、平静的环境可以造就乐观、高效、表现良好的学生。

你多久会对学生微笑一次呢？你每天都会面带笑容地问候学生吗？你每天会以微笑开始每堂课吗？在鼓励他们的时候，你会微笑吗？感谢他们的时候，你会微笑吗？每天学生放学离开教室时，你会对他们微笑吗？如果没有，你需要完成一些家庭作业了，我们相信你会做到的！也许需要花一些时间练习，但是我们相信你会做到的！起初，你可能会觉得有些奇怪，但是我们相信，你会做到的！放心吧，微笑只会让事情变得越来越好！

编后语

以下建议供你参考：

> 微笑，可以使你走向成功，
> 使你变成一个学生眼中的快乐教师，
> 学生的行为也会变得越来越好，
> 表情痛苦的教师是容易变老的！

38

以“课堂紧迫感”教学

课前思考

你看过晚间的电视购物节目吗？你曾经在诸如此类的电视购物节目中购买过“最后一刻”的促销产品吗？即使你没有买过，我们猜你可能会一直把这个电视购物节目看下去。电视购物节目之所以可以吸引我们的眼球，是有它的一些理由的。其中，最主要的一个秘密就是电视购物节目中出现的商品通常让你感觉是很紧俏的商品。你应该听到过这样的宣传：“在接下来20分钟内订购的顾客可以获得额外赠品！”“最先拨打进电话的500名观众将有机会用一件商品的价钱获得除皱、抗老、抚平细纹这三种产品的其中两种。”“但是，等等，还不止这些……”好了，你知道电视购物节目的宣传手段了吧。

我们发现，观摩那些优秀教师的授课方式和电视购物节目的促销方式有异曲同工之处。优秀教师总是有一种“课堂紧迫感”。他们可以勾起学生的求知欲，并且总是让他们期望明天的课堂上会有什么意想不到的“秘密”被揭开。这些教师结合了善于讲故事的人、演员、销售员及电视购物促销员的所有特质！

课堂方法 / 技巧

让每一天看起来都很重要，可以让学生真正参与到教学过程中，激励他们的良好表现。如果学生觉得他们会错过精彩的一课，他们迟到或逃学的情况就会大大减少。请以这样的开头来开始每一堂课：“看看我今天为你们准备了什么样的惊喜”或者“我想马上让你们在接下来的 30 分钟内完成我为你们精心准备的课堂活动”，再或者“我非常高兴今天能和你们一起分享知识，因为我知道明天我们在一起将会更加愉悦”！当然，你要看起来也要同样兴奋！就像我们在第 12 章里所讲到的一样，你的热情也可以传递给学生。

现在，不同于我们上述的讨论，请想象如下情景：一名教师表情严肃地走进教室，说道：“把书翻到第 134 页。”别无二致，许多教师并没有表现出他们对教学的热爱，他们这种缺乏热情的态度同样可以传递给他们的学生。

另外一个让学生感到“课堂紧迫感”的方法是身体前倾。当你在教授学生新知识的时候，就像足球教练聚集起他的队员一样，你的肢体语言必须展现出你对教学的热情，你的声音也应该充满热情。你自己首先要变得兴奋，无论什么科目，要表现出你说的、做的都是非常重要且令人兴奋的。

编后语

教师要知道在课堂上采用“时间紧迫”的方法是激励学生表现良好的重要方法之一。就像一个走来走去的电视购物节目主持人，向课堂上的学生兜售你每天想要教授他们的知识，然后每次留一些悬念，以激发他们的求知欲，让他们盼望明天的课堂。当你在这么做的时候，你就抓住了学生的注意力！

39

让课堂内容变得容易消化和吸收吧

课前思考

如果让你数一数铁罐子里的软心豆粒糖，你可能会很轻松地完成这个任务。作为额外的奖励，你可能还会品尝几粒！但是，如果你被带到一个充满糖果的游泳池前，并要求你数清楚池子里的糖果时，你甚至可能都不想开始这个任务。这是为什么呢？那是因为，你可能会认为自己绝不会成功地完成这项任务。即便你可以成功地完成任务，这也会花费非常多的时间。如果你数到一半时突然忘记了之前的数目，那该怎么办？那会是多令人沮丧的事情啊！很多时候，学生都会有诸如此类的感受——特别是如果他们很努力进取。我们常常把他们带到游泳池前而不是一个罐子前，因此，他们常常在任务没有开始的时候就选择了放弃。更糟的是，他们选择放弃这个任务后，会用各种各样的不良表现来掩盖他不能成功完成任务的事实。你看到了，如果一个学生可以数铁罐子里的糖果，他就有可能完成数游泳池里糖果的任务。其区别是,一个小任务的成功可以造就另外一个大任务的成功，而两者调换，结果却往往相反。所以，问题的关键就是：你留给他们的作业是可操作、可吸收的，这样就可以保证他们在完成相同任务时提高成功率。在第 21 章的时候，我们提到把教学分解成一块一块儿的——把一项大作业分解成几个小部分，一次完成一点儿。在这个部分，我们更关注的是：教学应建立在学生的现有水平上，帮助他们一点一点地取得进步。

课堂方法 / 技巧

请记住：有一些任务，尽管被分解成为许多小的部分，对于一些学生来说，也是不可能完成的。比如：如何去交一个不会造句的学生学写文章呢。在要求他写出由许多句子组成的文章之前，应该首先让他学会如何遣词造句。一定要循序渐进！再比如：如果一个学生不会加法，那么教他混合运算就是不可能完成的任务。在他学习混合运算前，他首先应该知道如何做加法。还是循序渐进！如果你执意要教一个不会加法的学生混合运算，那么即使你把任务分解成好几个部分，他可能还是会很快就放弃学习,并可能引发一些行为上的问题。所以，仅仅把任务分解成许多小的部分，还是不够的。请记住：不管任务有多小，首先它们要具有可操作性！

把一堂课分解成可以完成的几个部分，这样不仅可以使初学者积极地参与到课堂学习中来，同时也可以让那些刚开始对这堂课摸不着头脑的学生参与其中。给学生小的、可操作的任务。任务的长度可以随着学生能力的增长而逐渐增长，但是不要把任务定得过长。小块儿的食物是最容易咀嚼的，不是吗？

当然，这个概念，不仅可以用于以课程为主的任务。优秀教师把“将任务分解成小部分”的方法延展到各个领域，例如，如果教师想制止一个学生随便在课堂上说话，那么，他们不会等到这周课上完之后才指出他的错误。换言之，他们首先会制定出一个小且可以完成的目标。他们先设定一个活动，学生在这个30分钟的活动中不能随便讲话。当学生成功地在30分钟内没有出现纪律问题后，这个活动被延长至45分钟，然后是一个小时。最终，学生可以在长时间的活动或者课堂上保持安静。

如何能使任务变得更易操作并被学生接受呢？我们还有另外一个例子。假设你想提高学生的出勤率，那么，不要用那种等到学期末去奖励学生全勤的办法。如果那样做的话，你会发现极少有学生会获得这个全勤奖。换种方式，那就是，在开学之时和学生说：“同学们，你们发现了吗，一周5天你们全都来上课了，多了不起啊！这让身为教师的我感到非常荣幸。让我们把这个记录保持到8天！”把成功分为阶段性的任务可以提高大任务的成功率。

编后语

没有一个成功的田径选手开始是以马拉松为起点进行训练的，没有一个成功的滑雪运动员是从最高的山峰开始学起的。成功是需要先制定小的目标，并持续不断地前进。优秀教师让他们的学生取得成功的法宝就是：让每天的任务都建立在可操作、可消化的基础上。就像吃饭一样，小块儿更有利于消化，小的任务同样也可以让学生取得更好的成功！

40

当着别人的面夸奖学生

课前思考

家长想让孩子表现良好的方式就是在其他的成年人面前夸赞他们，并且一定要让孩子听到！对安抚员工自尊最奏效的方式就是当着他老板的面夸赞他们。这些方法同样适用于课堂。想要学生的行为有所进步吗？那就向别人夸赞学生的良好表现，并且当着学生的面夸赞他们吧！

课堂方法 / 技巧

当一个到访者或者校长走进你的课堂时，利用这个机会来促进学生的积极表现。你可以这样说：“这就是我之前向你夸赞过的班级，我对他们每天都能排好队走进餐厅用餐表示非常骄傲。而且，这个教室的学生都非常优秀！”

学生听到你在他人面前夸赞他们，这无形中就建立了你和学生之间的积极关系。同时，你对学生的良好表现也会有更多的期待。另外一种方法就是，你可以和你的学生说，你最近在他人面前夸赞了他们。例如，你可以说："我昨天在其他任课老师面前夸奖了你们，我对他们说你们做的生物实验是我见过最好的。我告诉他们你们对细节的把握非常好，并且你们的小团队能够一起努力完成任务，我非常骄傲！”你也可以告诉你的学生，你在周末的时候向你的伴侣、校长等等夸奖了他们。

编后语

无论是过去还是现在，当你夸奖学生的时候，请记住你真的是在为将来撒下希望的种子。夸赞学生会让他们成为你想要他们成为的样子，你此时正在创造机会，那些让他们可以比你夸奖他们做得更好的机会！

41

转移学生的注意力

课前思考

有时候，最好改变行为的方法就是打破学生的固有行为模式。其中，最好的方式之一就是转移学生的注意力。家长在对待他们的孩子时经常会使用这种方法，如果一个小孩子正在吵闹着想得到他不能得到的东西时，家长就会用另外一件事情把孩子的注意力转移开来。许多牙科诊所都会在病人拔牙的时候放舒缓的音乐以帮助病人转移可能出现的疼痛。飞机乘务员会事先向乘客解释如果出现紧急情况应该如何应对，然后他们会马上提供音乐、空中电影（当然绝不包括飞机事故的电影）、食品和饮料以转移乘客的注意力。房地产商会让你忽略这个房子的负面细节，让你关注到这是一个多么好的房子，它独一无二的舒适感，让你想象住在这里的奢华场景！投资顾问会让你关注你的投资将会带来多少回报，而让你忽略其中可能存在的风险和损失，这就是我们所说的注意力转移。

如果运用得当，注意力转移可以作为课堂中的“救命稻草”，优秀教师往往是转移学生注意力的专家!

课堂方法 / 技巧

莫妮卡正在讲话，但是此时，她应该保持安静而不是和同学交头接耳。于是，教师在莫妮卡讲话时就马上采取了行动，他使用了简单的注意力转移策略，那就是叫了莫妮卡的名字。莫妮卡看着教师，正在想她可能会被老师批评了,但是,教师说:“莫妮卡,过一会儿提醒我,我有话想要跟你说。但是我现在忘记那是什么了，所以请一会儿提醒我一下。”就是这样。莫妮卡并不确定教师是不是因为她随便说话或者是别的事情叫了她的名字。但不管怎样，通常情况下，她会停止继续和同学说话。过一会儿，如果莫妮卡提醒教师是不是有事情要和她说时，教师可能会这样回答:“我昨天在便利店见到的是你吗？”莫妮卡回答道:“没有啊,我昨天没有去便利店。”然后教师回答道:“哦,那你一定是有双胞胎的姐妹吧！”你看，教师只需要转换一下注意力就成功地解决了这个问题，但是学生永远不会知道这个“秘密”。

乔治从他的椅子上站起来,朝另外一个学生的座位走过去。这时,教师叫住乔治，然后说:“乔治，你是去垃圾筐那里吗？（然后教师拿过一张纸）你介意帮我把这个扔一下吗？谢谢你把教室保持得如此整洁！”你想想乔治现在会走向哪儿呢？当然是垃圾筐的位置。他绝不会说:“不行，我正想去打蒂姆呢，因为他刚才跟我做鬼脸！”看，转移注意力的方法又一次奏效了。

编后语

有些时候，在课堂中解决一些潜在或者实际问题的最有效的方法就是转移注意力，以打破学生固有的行为。这是一个非常简单的技巧，但是它却可以避免消极行为的出现。如果处理得当，学生也绝不知道发生了什么事情。

如果你希望学生有一个行为上的转变，那么，开始试试使用转移学生注意力这个方法吧！

42

改变学生的思考方式

课前思考

如果人们不改变对现有行为的思考模式，那么他们通常不会改变其习惯性的行为方式。例如：除非你改变你对吃的看法，选择不同类型的食物，对食物进行量化选择，选择不同的时间进食，改变吃东西的理由等等，只有这样，你才能成功地改变自己的饮食习惯。如果你想解决一个问题，但使用的却是三种类似的解决问题的失败方法时，那么这次你是不是还能成功地解决问题呢？！你不得不去想一个不同于以往的方法，因此你需要换个角度来思考同一个问题。

一个学生如果对某一门功课不感兴趣，那么除非他看到这门功课的独特之处，否则，他永远提不起对这门功课的兴趣。作为教师，我们应该意识到这个问题。大多数情况，我们需要改变学生对所学知识的看法，在此之后，他们才会希望去接受我们想要教给他们的知识。

课堂方法 / 技巧

让我们来看看面对同一门功课时，两位教师不同的处理方式吧。

情景一：蒂姆上五年级了，他说他不喜欢阅读。为什么他需要阅读呢？他又不想成为一名阅读课教师。他的教师告诉他，他需要学习阅读的原因是因为阅读对他的生活很重要。但是，蒂姆不知道她在说什么，有什么意义。他还是很讨厌阅读，一直都是。

在对面的教室，汤姆也是五年级，他说自己也不喜欢阅读。为什么他一定要学会阅读呢？他也不想成为一名阅读课教师。他的教师告诉他，他会想要成为一名阅读课教师的。但是，汤姆告诉教师，他想成为的是一名赛车手。然后，他的教师告诉他所有的赛车手（包括所有司机）都需要掌握阅读这门技能。这名教师和汤姆一起讨论阅读的内容：路面标识，驾车规则，如何通过驾车考试等等。汤姆承认他从来没有从这个角度思考过阅读的重要性。他的教师建议他读一些关于汽车的书，他也许就会对阅读更感兴趣。

现在，谁会对阅读产生不同的看法呢？蒂姆还是汤姆？那么，谁又愿意尝试读更多的书呢？

情景二：苏珊正在教室中学习南北战争。但是，苏珊总是说她讨厌学习历史。这周的活动包括阅读南北战争这一章，回答这章的课后问题，完成 4 页纸的课后作业，观看南北战争的影片，做笔记，记住上面诸多的日期、地点、战役名称。

然后，周五会有一个关于南北战争的小测验。南北战争这章，对于苏珊来说，是这本书中最无聊的一章。

在对面的教室，萨利也正在学习南北战争这堂历史课。但是，萨利也说自己不喜欢学习历史。在萨利的课堂上，学生被分成一个个的“合作小组”，每一个小组学习南北战争的一个部分，并让学生试想如果没有发生南北战争，那么他们的生活将会有多大的不同。学生一起学习，讨论，探讨过去如何影响现在。教师给每个小组分配了演讲任务，要求他们把学习到的知识和全班同学一起分享。南北战争，对于萨利来说，变成了一个在历史上非常有意义的事件，并且缔造了她现在所知道的世界格局。

现在，谁开始对历史课产生了不同的看法呢？苏珊还是萨利呢？谁可能会对历史更感兴趣呢？

编后语

如果学生觉得他所学习的知识和自己没有紧密联系，那他会对所学课程产生抵触情绪。因此需要告诉他现在所学的知识跟他个人的生活息息相关，这样他的想法立刻就会产生变化！他会开始学习那些他应该学习的知识，因为你改变了他的思考模式。作为教师，我们的主要任务之一就是要改变学生对所学知识固有的思考模式，让他们觉得教授给他们的知识都是他们如饥似渴想要得到的。请记住，如果你不在菜里加一些他们喜欢的调味品，他们是不会想要尝试的！所以，做一个制造“知识美食”的教师吧！

43

把潜在的问题扼杀在萌芽中

课前思考

《安迪·格里菲斯》是历史上非常著名的一部喜剧。你可以从安迪那里获取一切你想知道的生活常识，从梅博里那里获知有关黑帮的内幕。谢里夫·泰勒先生声音镇定，充满了理性的智慧，他所扮演的巴尼·法夫一角至今令人难忘。巴尼几乎就没有不睿智的时候，他最有名的就是那句："掐掉它，掐掉它，在萌芽的时候！"当然，他的意思是在事情变糟之前，就要把它扼杀在萌芽中。就像你把一株植物的嫩芽掐掉，为的是不让它再继续生长一样。让我们把巴尼的声音带到课堂上吧！

课堂方法 / 技巧

大多数的优秀教师都同意，在日常事务中，我们有的时候要“掐掉，从萌芽中掐掉它”，我们要在小问题出现时就及时地加以解决，以免酿成更大的麻烦，我们没有一个人愿意看到一个小问题变成一个大麻烦。当你发现学生的一些小问题或是成绩稍有变化的时候，你可以请家长来帮个忙，而不是当你已经到临界点时，学生成绩下滑或者纪律问题开始逐步升级时才来请家长谈话。或者，如果你发现一个学生的心情处于低谷时，你可以马上找他私下谈谈，而不是忽略这个问题。如果对学生的低落情绪置之不理，他们就会出现一些不理智的举动（在第16章，我们提到了什么事情是该被忽略的，我们举了一些例子证明什么行为是可以被忽略的。在这章中，我们提到的是那些足以引发严重后果的事情，因此不能被忽略）。

还有一件最基本的事情，那就是你要保证自己处理问题的方法不会对学生产生任何负面的影响。停止讲课或者在全班同学面前羞辱这个学生无助于事情的解决，事实上，用这种方法，你会发现有更多、更严重的问题会出现在课堂上。

编后语

优秀的教师知道如何判断那些潜在的问题，并在事情刚有苗头的时候掐掉它，这就是为什么在他们的课堂上鲜有纪律问题的原因。在现实中，他们和其他教师面临同样的挑战。孩子就是孩子，有的时候会令其他教师有着更多的困惑和惊诧。同样的，也不是说那些优秀教师分到的都是表现最好的孩子。不同的是，优秀的教师知道在每天问题初有苗头的时候就掐断它，这样在他的花圃里，才会栽出最美丽的植物！

44

照亮学生的梦想

课前思考

我们首先要阐述一个简单的事实：所有的学生都有梦想。但是，另外一个不好的事实就是：许多教师都不知道学生的梦想是什么！

一名教学顾问受雇于位于市中心的学校，帮助解决学生问题。教学顾问被提醒说所有教师都做了他们应该做的，但学生并不领情。顾问来到学校之后，要求旁听每一个教师的课，并事先告知了这些教师，所以教师不会对她的突然造访感到慌张。顾问希望教师都能向自己展示他们最好的教学方法，因为他们有充足的准备时间。

课堂观摩开始了。一堂课接着一堂课，最糟糕的行为问题显然没有出现，没有学生交头接耳，学生和教师之间也没发生任何摩擦。在大部分教室里，教学内容包括读书、回答问题、完成作业、记笔记等等。学生怎么会能感到兴奋并真正融入课堂呢？只有一位教师在课堂上展现了自己对教学的热忱。在这个教师的课堂上，没有出现任何纪律问题。这名教师受到了所有学生的爱戴，但同时也遭到了其他同事的不屑。我们暂且称呼这名教师为“快乐”小姐。

每旁听完一节课，教学顾问都会组织一次课堂讨论，她会问学生一个简单的问题 :“你的梦想是什么呢？”每一个教师都觉得很奇怪（除了“快乐”小姐，因为她已经知道了学生们的梦想）。每个学生都有自己的梦想，而且每一个学生都希望向公众表达出他们是有梦想的人！大多数教师事后承认他们的学生有的想成为一名兽医，有的想成为护士或是教练等等。是的，其中还有想成为教师的学生！但是，为什么这些教师不知道学生的梦想呢？他们可能从来没有这样问过自己。那个想成为兽医的学生，她的教师从来不知道，这个学生每周三次会到地方上的兽医诊所去当义工。她的教师说 :“我并不知道她这样做！”如果这名教师不花时间去问的话，她怎么可能会知道呢？

课堂方法 / 技巧

如果你不了解一个学生，你就无法很好地教授他们知识。除了这所学校的一名教师以外，几乎所有的教师都没有真正了解学生的想法，因此他们不知道该如何去教他们的学生。我们甚至可以说，大多数的课堂活动都没有深入到问题的根本！

“快乐”小姐，当然知道学生的每一个梦想。她会花时间去了解他们。她在每一个孩子身上都发现了他们的兴趣点，将课堂内容和学生兴趣紧密结合了起来，更好地激发了学生的参与意识，也更有利于教学的成功。

一个简单的方法就是：试图去了解你的学生，发现他们到底是什么样的人！

编后语

你知道学生的梦想吗？你了解课堂之外的学生吗？他们知道你同样关注他们的梦想吗？你试图做这样的努力吗，珍视他们的梦想？像“快乐”小姐一样，照亮学生的梦想吧！

45

肢体语言，你注意到了吗

课前思考

如果你用生气的语调说："这个，非常好！"但实际上，你真的认为这件事情做得很好吗？当然不是。但是，如果你面带微笑和喜悦地说这句话时，"嗯，这个，做得非常好！"这样的表情通常可以证明你此刻是愉悦和开心的，不是吗？（同样的话语，不同的肢体语言。）现在，做左右摇头表示"不"的动作，然后说"是"，这传递的意思是"不"还是"是"呢？很难判断，是吗？试想，一个妈妈看着身着燕尾服准备参加舞会的儿子从屋里走出来的时候，说："看啊！"再试想，一个妈妈看着满身是泥的儿子从外面走进客厅的时候，说："看啊！"两种情况，一位妈妈表现的是欣喜，另外一个则是愤怒。但是，她们用的却是相同的词汇。不同的是你的行动和反应要远远大于词汇所表达的意思，这就是生活中发生的事情。同样，在我们的课堂中，也是如此。

很多时候，教师和学生都会有轻微的对抗情绪。对于教师来说，这不是什么大事。她放学回家后就不会再想学校发生的事情了，这是因为教师看不到自己的肢体语言，她只会想到自己说过的话。然而，对于学生，他们并没有留意到她说的话而是观察到了教师生气时的肢体语言。第二天，当教师走进办公室的时候，一个或两个不理智的家长已在办公室等候多时了，他们开始指责她并没有说过的话。好了，即使她真的没有说家长指责她说过的话，但她的肢体语言确实那么表达了。

比起话语，学生更容易体会到教师的肢体语言中所表达的含义。优秀教师也知道这一点，所以他们在教室中总是时常留意自己的肢体语言。

如果你还不这么认为，那么，如果你恰巧有一只狗或者你的朋友有一只狗，走向它，然后冲它微笑，轻拍它的头然后用最温和的语调跟它说：“坏家伙，坏家伙。”这只狗会想，它此时正在接受表扬，因为它只是简单地听到了你的语调和肢体语言，你说的话对它而言并没有什么实际意义。对于动物和人来说，你表达话语的方式比实际的话语表达的意思更多。

这有另外一个例子：如果一个家长十年如一日地对他的孩子说诚实是最好的美德，但如果在孩子面前说谎了，孩子就会从这个行为上得到暗示，十年的教导就前功尽弃了。下一次，家长因为孩子撒谎而对孩子进行惩罚的时候，孩子通常会说：“你自己也这么做了呢！”任何一个家长都可以证实这样的事情在家庭中是出现过的。

课堂方法 / 技巧

我们的行为通常比我们的语言影响力更大，但是许多教师都没有意识到这个问题。所以，我们要介绍的方法就是：首先要接受这样一个事实——你的学生通常更在乎教师的肢体语言，而不是你真正说的话。这就是为什么绝不要生气，不要让学生知道他们触碰了你的“底线”，不要忽略学生的重要性。这些行为并不代表你可以控制局势，这只能证明教师已经失去了控制局势的能力（请见第 50 章）。

作为教师，要经常留意自己的肢体语言，要确保自己的肢体语言体现了一个教师的专业素养，而且还要控制住自己的情绪。所有的教师，即便是最优秀的教师，都可以在课堂上提高自己肢体语言的表达能力。许多教师都在授课的时候表现得过于严肃，他们忘记要表现出友好，这种可以传递出他们热爱自己工作以及控制好自己情绪的方法。

所以，从你的肢体语言出发，把你的教学过程录下来，然后观看这个录像。没有必要让别人看，自己看就够了，你可以在录像中发现自己并没有展现出本来有的热情和愉悦。当你在看录像的时候，数一数你微笑的次数，表扬学生的次数，然后再看看学生的反应，你可以从录像带中了解到很多。但是如果你还没有足够的勇气看自己的录像带，那么每天至少要有意识地注意自己的行为。

编后语

因为你的肢体语言比实际的话语更有影响力，因此学生每天更容易观察到你的行为，而不是每天你都说了些什么，用更友好的语调和表现会起到更加积极的作用。同样的，学生也会用积极的态度回应教师，他们会在这些教师的课堂上表现得更好，每天都尽量去营造良好的课堂氛围！

46

时刻保持最好的状态

课前思考

外科医生在心情不好的时候，允许放几天假？我们这里指的并不是休年假，而是指那些外科医生不能在手术时进入最好状态而被允许休假的天数。没有，对吗？我们当然希望如此。那么，对一个空中飞行员来说，有几天这样的假期呢？正如你所知，那些对于他们不能很好集中注意力的几天。没有，对吗？现在，我们想问，如果教师有这样的情况出现，他们会有几天的假期呢？我们假设你会这样回答："没有。"但是，我们却知道一天中，教师有很多可以"开小差"的时候。这就是在你问一个教师，"嗨，你今天过得怎样？"他们的答案通常都不是积极的。事实上，如果你是那个被问及今天过得怎样的教师，你可能也会对他们的消极回答表示遗憾。他们会告诉你如果他们把课堂中的5个学生转到其他班上，换一个新的校长，今天如果是周五，或者他们可以得到更多的薪水，不用写备课教案该有多好等等的抱怨。但事实是，那5个学生仍然在课堂里，他们不会有新的校长等等。他们就这样一直抱有消极的情绪，而且在学生面前，这些教师会表现出比跟同事在一起时更加消积的态度。

问问优秀教师他这一天过得如何，不论他现在的生活状况如何，他总会向你点头微笑，然后回答道："嗯，过得不错，你呢？"他知道对于教师、榜样而言，积极的态度是多么重要。更重要的是，要有职业的素养！这名教师明白了一个简单的道理：不管你的生活近况如何，不管你在家要处理怎样的事情，不管你要在学校处理怎样的事情，不管你有多辛苦，你都要尽量展现出自己快乐的一面——为你的学生展现出自己良好的职业素养吧！

课堂方法 / 技巧

优秀教师通常的做法就是——不管怎样，都要有职业素养！下面有一些具体的做法：

1. 在每天走进校园的时候，面带笑容，并且让它保持一天！
2. 跟每一个你遇到的学生亲切地打招呼。
3. 每天都要提醒自己，自己是学生良好行为的榜样。
4. 用热忱的态度来教学。
5. 不要对任何一个人说负面话语。
6. 不要抱怨。
7. 不要跟你的同事说自己一天有多累，工作量有多大。他们其实也是一样。

8. 要做问题的解决者，而不是问题的制造者。

编后语

如果你今天过得不错，展现自己快乐的一面是一件相对容易的事情。但如果你过得不好，情况就大不相同了吗？不，当然不是。即便过得不好，你也要拿出所有的勇气和力量来扮演好自己的角色。如果你认为自己做不到，最好那天请假不去学校了。

教学是一项很辛苦的工作。但是，如果你态度消极的话，你就会觉得更加辛苦。你的工作压力看起来势不可挡，你的工作会议看起来没完没了，新的教学方法不断涌来，但更重要的是，学生时时刻刻都需要你。作为教师、榜样和那些影响他人未来的人来说，这确实是我们要面临的挑战。所以，向真正专业的教师学习，接受你的挑战吧。

47

让学生稍有“自责感”

课前思考

如果一个学生被教师提醒他的不当行为时，他通常会表现出两种情绪——自责或者愤恨。某一种情绪的出现通常源于教师对这种不当行为的最初反应。如果教师很生气，那么学生会用同样的方式对待这件事情。然而，如果一个学生感到自责而不是愤恨时，他的表现往往会大有改善。如果一个学生感到自责,那么他就会试图改进他的行为。很多时候，如果一个学生生气的话，那么他就会对他做出的行为进行辩护，不管付出什么样的代价。因此，这种行为不仅会继续发生，并且会变得越来越糟，一副“我就这样，怎么办吧”的态度！

让学生意识到他的不当行为，并让他有一丝的自责感，这有助于学生行为的改善。如果对学生的不当行为表现出的是愤怒，学生的行为将会变得更糟。

课堂方法 / 技巧

当我们开始讨论在课堂上使用“自责”方法之前，我们要明确表示这样做并不是要去羞辱孩子，让学生有一些自责感和羞辱学生是完全不同的。一个是帮助学生改善现在的行为，另外一个则恰恰相反。为了更好地区分这两种态度，我们现在走进两个不同的课堂进行体验。

教师 A：教师 A 今天没有来学校教课，她的代课老师接替了她今天的授课任务。在那天，她的“小天使”变成了一群“小淘气”。教师 A 回来上课的时候，从这个代课教师那了解到学生那些并不尽如人意的表现，然后决定使用“自责”的方法。在上课前，她对学生说：“大家不用告诉我昨天发生了什么事情，我已经知道了。我昨夜彻夜未眠来思考这件事情，今晚我可能也不会睡得好。我真的很沮丧。我不能相信你们有那样的表现，这真的让我很伤心。想想代课老师，她这几天承受了什么！想想你们，最令我骄傲的学生，你们没有做好！我想我不能再说下去了，所以，我们开始上课吧！”在她开始讲课之前，学生开始感到愧疚，有一些孩子甚至有些啜泣，这是因为他们对自己之前所做的事情感到了自责。

看到发生了什么吗？他们的教师并没有对这件事情感到恼火，而是表现出自己的失望和沮丧。学生并没有碰触教师的底线，而是伤了教师的心。因为她总是用爱和尊重来对待她的学生，同样的，学生对教师也充满了爱和尊敬。他们觉得自己让教师失望了，他们达成了共识，要自己给代课教师写了一封道歉信，向代课教师表达了自己深深的愧疚。这是人生中多么有意义的一课！

教师B：教师B今天没有来学校教课，她的代课老师接替了她今天的授课任务。在那天，她“表现平平的学生”表现得更加嚣张。教师B回来上课的时候，从这个代课教师那儿了解到学生那些并不尽如人意的表现。没有多想，她直接冲进了教室。她的学生也走进了教室，用同样愤怒的眼光跟她打招呼，她说：“你们想对你们自己的行为做什么解释吗？”没有人说话，没有人和她进行眼神交流，她继续说：“我需要有人站出来向我解释你们昨天到底做了什么！”再一次，没有人回答，没有眼神交流。教师B变得怒不可遏，她说：“我知道你们昨天都做了什么，你们每一个人都要为此付出代价！”然后，她把那天惹事的学生叫起来罚站，对他们的不当行为进行羞辱。当然，他们会说：“不仅仅是我！”全班开始受到一系列的惩罚——这些惩罚的措施是教师新想到的让学生更难过的方法。

学生习惯了教师的这种反应，而这名教师也从来不以尊重的态度来对待自己的学生。学生并没有对他们之前的表现感到自责，因为他们感受到的只有羞辱，他们只想着伺机报复。这是人生中多么糟糕的一课！

编后语

有些时候，正如我们在场景一里看到的，一丝的自责感便可以改善学生的行为。但这种方法不能经常使用，如果你每次都在学生行为不当的时候使用这个方法，那学生就会对这个技巧产生免疫力，因此，他们就不会认真对待这种方法了。继而，这个技巧也就失去了它的效力。所以，使用它，但是不要滥用它。

48

教会学生如何应对压力

课前思考

当压力产生时，孩子通常都会使用他们最熟悉的方法加以应对。令人遗憾的是，许多学生都没有足够多的应对压力的技巧。但是，实际上每个孩子在生活中都会遇到压力，如果我们不教他们如何应对压力的话，他们就会自寻方法来解决问题。在完美世界中，所有的家长都应该教孩子健康、正确的压力处理方法，以应对这个纷繁复杂的世界，但我们并不是生活在一个完美的世界中。

你的学生大多可能都不知道如何表达一个简单的歉意，对吗？当你让他们道歉时，他们步履艰难地走向前，插着手臂，然后气哼哼地说“对不起”！我们都同意这样的观点，那就是这并不是最让人喜爱的，且恰当真诚的道歉方式。当一个学生对于某件事情感到很不高兴的时候，你有多少次看到的是学生转着眼珠，瞪着别人，然后表露出极其挑衅的神态呢？你有没有曾经停下来想一想，是不是学生已经使用了最好的表达方式呢，还是他们只知道这样一种应对方式呢？

作为教师，你会在课堂上碰到类似的问题。因此，当你面对这种情况的时候，你会有两种选择：你可以选择处理这件事情，或者选择抱怨。我们假设你选择积极地去处理这件事，那么在此，我们将提供给你一些方法和技巧来教学生如何应对压力。

课堂方法／技巧

在课堂中，你可以有两种方式来教学生如何应对压力：教其应对方法是其一，其二是要以身作则。尽管好的教学其实有榜样的作用，但在这里我们还是把两者分开来谈。

教学，我们也称为和学生讨论，和学生讨论能被他们接受的压力应对方法，为他们提供处理压力的各种方法，不要等到出现问题的时候再来解决。计划一个时间，告诉学生生气、悲伤、愤怒、不满等等都是人类自然的情绪流露，然后和学生一起探讨一些可以应对这些情绪的健康、恰当的解决办法。角色扮演，这对于教授学生如何应对压力这一问题,是非常有效的。但需要特别注意的是,这并不是一节“一劳永逸”的课程。你可能要不断地提醒学生什么才是应对压力的正确方法，然后留意观察他们是如何应用这些方法的。

说到榜样作用，我们指的是当我们自己面对压力的时候，要用健康、恰当的方法来应对压力（在本书中，我们多次提到过职业素养的重要性）。请记住，学生更容易记住你的行为，而不是你的言语！

接下来，你需要提醒学生在处理相应状况的时候，什么是恰当的方法。如果发生了这种情况，不要犹豫，要寻求家长的支持。如果问题被很好地解决了，家长会非常感激你对他们孩子所表现出的关心和在乎。如果学生没有使用恰当的道歉方法，我们并不建议给学生家长打电话。我们建议你如果你意识到学生纠结于用什么方法来应对自己的感受时，通知家长是个不错的选择。

编后语

所有的学生都可以从如何用恰当的方法解决压力的问题中受益。如果家长能够稍加提醒或者帮助孩子来练习，效果会更好。许多学生由于不知道什么是恰当的处理方法，他们就使用自己的方法来处理情绪问题，这通常是教师感到诧异的地方。所以，在萌芽期就掐断它，而不是等它长成形的时候。不断提醒学生去使用这些技巧，当他们的好榜样。他们使用了这些技巧后，给他们以鼓励和表扬。

> 如果学生应对压力的锦囊袋里是空的，
> 那么，要给他们树立起榜样的作用，这样，
> 他们马上就会照着你的样子做，
> 他们会用更健康的方法解决生活中遇到的压力，
> 这将让他们的生活变得更开心！

49

倾听，倾听，学会倾听

课前思考

成年人总是想用自己的方法来解决孩子们的问题，而不是使用一些方法来提高孩子自己解决问题的能力。孩子不需要成年人来为他们解决问题，有的时候，他们需要的只是你们的倾听。想想看，有的学生可能从来都没倾听者，他们总是被大人叫过去说：“你们，听我说！”但是，对一些孩子来说，几乎没有人在意他们的想法。

当一个好的倾听者，孩子通常可以解决自己的问题。尽管我们总是想要帮助他们，但是我们不能跳到他们的事情中替他们安排好每件事情。但是我们可以倾听！所有优秀的教师都是良好的倾听者。如果你问他们是如何成为一个好的倾听者的，他们会告诉你他们现在仍然很努力地保持着一个好的倾听者的姿态，他们不断提醒自己，孩子需要在他们生活的每一天，有一个好的倾听者在他们身边。

课堂方法 / 技巧

当一个好的倾听者，是需要练习的。这是一个需要时间练习的行为。有的时候，当你非常想要帮助他人时，你总会用劝慰或者帮助他们寻找解决问题的方法，而不是坐下来安静地倾听。

作为一个好的倾听者，你必须要知道好的倾听者应该是什么样子的。一些优秀教师向我们分享了他们的一些倾听的方法和技巧：

1. 我经常会用这样的短语："我在听呢！"
2. 我会插入这样的问题："当这件事情发生的时候，你是什么样的感受？"或者，"你觉得你会怎样解决这个问题？"我会惊讶地发现他们的回答非常成熟，而且他们有能力解决自己的问题。
3. 在学生说话的时候，我会保持和他们的眼神交流。
4. 尽管有的时候我并非很赞同这个学生的观点，但我总是让他知道我理解他的感受。
5. 我一直告诉我的学生我是他们见过的最好的倾听者。正因为如此，我希望他们有问题的时候会来向我倾诉。
6. 不管我有多忙，我总是停下手头的工作，来倾听学生向我讲述的事情，这让学生知道我在认真地听他们说话。
7. 我都会向学生点头示意以告知他们，我正在听他们说话。
8. 我会在学生倾诉的时候问他们问题，让他们知道我正在倾听并且思考他的处境。

9. 我身体向前倾，但是没有侵犯他的意思，我只是用肢体语言传达我正在倾听的意思。
10. 当我倾听的时候，我会在适当的时候点头或是微笑。当不该微笑的时候，我会非常小心不流露出负面、惊诧的表情等等。我想通过我的肢体语言告诉我的学生我在倾听，而且很关心他们。
11. 我通常转述我学生告诉我的事情，以便让他知道我正在倾听他说的话并且很在意他说了什么。

编后语

我们所有人都经历过这样的事情，那就是把问题讲给那些愿意听我们倾诉的人听，在倾诉的过程中找到可能解决问题的方法。我们通常在倾诉完后跟这个人说："谢谢你的帮助。"他通常回答道："但是我什么都没有做啊！"哦，事实上，他已经做了。他倾听了你的问题。有的时候，这正是我们所需要的——只是需要一个倾听我们想法的人。所以，倾听，倾听，倾听学生想说的话吧。

当我跟你说话的时候，请认真听，
不要告诉我什么该做，什么不该做，
就借给我一只耳朵吧，这就会让事情好转起来，
问题的答案我心中有数，你不用告诉我该怎样做！

50

只有愚蠢的人才会失去理智

课前思考

按按钮，

我按下了电梯的按钮，叫了电梯，

但是我很着急，希望电梯能马上来，

我等啊等啊等，电梯还没有来，

我按了一次电梯的按钮，两次，三次，四次，五次……

但是，它还是没有来，你看，所以我只能爬楼，

我不得不想就当是一种锻炼吧。

转而，我想到了课堂上的学生，

他们每天都按我的按钮，又用力又着急，

然后我的反应就像他们的“电梯”到了一样，

他们在上面又蹦又跳，我是那个最手忙脚乱的人，

我想如果我给他们“停电梯”的话，他们就会选择走楼梯，

这样，我就可以以沉默面对他们的小伎俩了。

所以，我要从明天开始，把我的按钮藏起来，

我建议所有的教师，都可以，

不要让学生知道你的“按钮”可以工作，

这样，他们就不会一直不停地按了——这就是事实！

在第17章中，我们讨论过不要让学生知道教师有这样的“按钮”，免得学生在整个学年都会触碰这个“按钮”，快速判断教师是否会被激怒的最好方法就是听听他们是否在教室里尖叫了。你走进任何一所学校，问问学生谁是那个爱“尖叫”的教师，学生通常都会说出答案！所有的校长或者教导主任也对那些喜欢“尖叫”的教师了如指掌。所有的教师也知道他们办公室有谁“尖叫”过。许多家长都会极力避免自己的孩子去那些教师的班上。

我们相信教师都是品质优秀并且诲人不倦的人。但是，如果你在课堂上对学生大喊大叫，这足以证实你是一个在公共场合不能控制自己情绪的人。如果是这样的话，你在公共场合都无法控制自己的情绪，那么你怎么能教会学生控制住他们的脾气呢？这绝不可能。

你总是按照医生的吩咐做吗？你每次吃的食物都足够健康吗？你每天都能保证足够的运动量吗？你总是能远离那些有压力的环境吗？不，你不能的，对吗？好了，现在让我们试想，你去医生那里进行复查，他问了你之前我们所提到的问题，你如果诚实回答，你可能会不好意思地告诉他有的地方你确实没有做到。你的医生开始对你大喊大叫，你会怎么样呢？你可能会马上离开诊所然后再也不回去了，你可

能会告诉你所有的朋友和家庭成员再也不要去这个诊所了。那是因为，你认为这个医生不专业！这是不可原谅的！在课堂里，道理是不是也一样呢？当然了。

作为教师，我们最主要的职责就是要为学生树立一个良好的榜样，培养他们的良好行为。没有教师想成为学生的反面教材！我们希望做一个积极且正面的榜样。

课堂方法 / 技巧

我们的技巧非常简单，但有些做起来并非那么容易。我们希望你能像那些优秀教师一样，在新学期第一天，向他们承诺虽然你会纠正他们的行为，但绝不会对他们大喊大叫，你会以尊重他们的方式来对待他们。你的学生会记住你许给他们的诺言吗？当然会的！

许下这样的诺言，你会有双重收获：（1）你自己首先就要让“大喊大叫”的这种行为远离自己的学生；（2）你让学生在一个轻松的环境下学习，而不需要他们整天生活在不安和惶恐中。因此，你就为学生的良好表现搭建了一个平台。

编后语

埃莉诺·罗斯福提醒我们：“生气”这个词，其实就是可能出现危险的前提。她是正确的！所以，不要在学生面前生气发怒。当你要生气的时候（你也是一个普通人），不要让学生知道是他们惹你生气了。失望？是的！伤心？是的！发怒？绝不要！

只有愚蠢的人才会不能保持冷静。所以，不要失去你的冷静，特别是在学校的时候！

每位学生都很特别，值得我们用最好的方式来教育他们。但天天坚持却并不容易，有效的教学是需要我们倾注很多心血的。这就是为什么“并不是每个人都可以胜任教师这个职业”，只有一类人才配“教师”这一光荣称号。如果你是这样的人，我们相信你是！那你绝不会看轻你的神圣职责！我们希望你能享受教育带给你的愉悦，同样我们希望你的学生也可以获得相同的感受。通过此书，我们希望你的教学变得更加有效，不要再说“我只是一名教师”。

只是一名教师

你握住的不仅仅是学生的手，你握住的是他的未来，

在他的脑海里，你并不仅仅是一名教师，你还触碰了他的心灵，

你并不仅仅拭干他的泪水，抚慰他的心灵，

你，已经成为他的一部分了。

你并不是与学生分享短暂的一刻，而是成为一种记忆，

当你不在的时候，你已经深入了他们的内心，

你并不知道你的力量有多么强大，

你影响了一代人，而他们又将影响下一代人。

所以，“做一名教师”并不是简单的事情，

除了语言，你还有很多要做的，

你要在那一刻感到自己是了解学生的，

或是他今天也同样对你微笑了。

你握住的不仅仅是学生的手，你牵起的是他的未来，

你并不仅仅是教给他知识，更深入了他的内心，

你并不仅仅拭干了他的泪水，更抚慰了他的心灵，

你，已经成为他的一部分了。

马文·柯林斯的教育之道

中国教育报、中国教育新闻网、中国教育学会联袂推荐的教育经典

- ★ 入选《中国教育报》2019年度“教师喜爱的100本书”
- ★ 入选中国教育新闻网2019年度“影响教师的100本书”
- ★ 朱永新倾情作序
- ★ 李希贵、哈佛大学幸福课沙哈尔教授、斯坦福大学德韦克教授郑重推荐
- ★ 这部被教育界奉为经典的著作在中文版出版前便已感动、激励了众多中国读者
- ★ 其英文原著长期占据豆瓣教育类图书好评排行榜Top10

ISBN：9787515355122

著　　者：（美）马文·柯林斯　希维娅·塔玛金

译　　者：刘琳红

出 版 社：中国青年出版社

★ 内容简介

为什么一间教室发生的故事会引起全美媒体的报道以及全国范围对教育的讨论？

为什么一名中小学教师会连续被两任美国总统邀请担任教育部长？

为什么全美和欧洲各国的教师会来到这所学校观摩她的教学并参加培训与研讨？

为什么成千上万的家长会给她写信希望其帮助解答养育子女的困惑？

本书不仅讲述了当代传奇教师马文·柯林斯在教育这条道路上的挣扎与成功，更包含其课堂教学的详尽实录，清晰地传达了她的教育理念、方式与方法。

马文·柯林斯不仅仅在教书，更在育人。她希望通过教育，能让学生的生活发生本质的改变。她的故事是任何一个教师、家长的榜样，她的教育理念与教学方法可以运用到任何一个教室与家庭。

★ 作者简介

马文·柯林斯　被公认为美国最重要的教育家之一，连续被两任总统邀请，但拒绝出任美国教育部长的当代传奇教师。无数教育者学习她的教育方式，受她的精神启发和鼓舞。《芝加哥太阳时报》《时代周刊》《人物》以及哥伦比亚广播公司、美国广播公司等全国媒体都称她为“奇迹的创造者”。

"常青藤"书系—中青文教师用书总目录

书名	书号	定价
特别推荐——从优秀到卓越系列		
从优秀教师到卓越教师：极具影响力的日常教学策略	9787515312378	33.80
从优秀教学到卓越教学：让学生专注学习的最实用教学指南	9787515324227	39.90
从优秀学校到卓越学校：他们的校长在哪些方面做得更好	9787515325637	59.90
卓越课堂管理（中国教育新闻网2015年度"影响教师的100本书"）	9787515331362	88.00
名师新经典/教育名著		
最难的问题不在考试中：先别教答案，带学生自己找到想问的事	9787515365930	48.00
在芬兰中小学课堂观摩研修的365日	9787515363608	49.00
马文·柯林斯的教育之道：通往卓越教育的路径（《中国教育报》2019年度"教师喜爱的100本书"，中国教育新闻网"影响教师的100本书"。朱永新作序，李希贵力荐）	9787515355122	49.80
如何当好一名学校中层：快速提升中层能力、成就优秀学校的31个高效策略	9787515346519	49.00
像冠军一样教学：引领学生走向卓越的62个教学诀窍	9787515343488	49.00
像冠军一样教学2：引领教师掌握62个教学诀窍的实操手册与教学资源	9787515352022	68.00
如何成为高效能教师	9787515301747	89.00
给教师的101条建议（第三版）（《中国教育报》"最佳图书"奖）	9787515342665	49.00
改善学生课堂表现的50个方法（入选《中国教育报》"影响教师的100本书"）	9787500693536	33.00
改善学生课堂表现的50个方法操作指南：小技巧获得大改变	9787515334783	39.00
美国中小学世界历史读本 / 世界地理读本 / 艺术史读本	9787515317397等	106.00
美国语文读本1-6	9787515314624等	252.70
和优秀教师一起读苏霍姆林斯基	9787500698401	27.00
快速破解60个日常教学难题	9787515339320	39.90
美国最好的中学是怎样的——让孩子成为学习高手的乐园	9787515344713	28.00
建立以学习共同体为导向的师生关系：让教育的复杂问题变得简单	9787515353449	33.80
教师成长/专业素养		
如何更积极地教学	9787515369594	49.00
教师的专业成长与评价性思考：专业主义如何影响和改变教育	9787515369143	49.90
精益教育与可见的学习：如何用更精简的教学实现更好的学习成果	9787515368672	59.00
教学这件事：感动几代人的教师专业成长指南	9787515367910	49.00
如何更快地变得更好：新教师90天培训计划	9787515365824	59.90
让每个孩子都发光：赋能学生成长、促进教师发展的KIPP学校教育模式	9787515366852	59.00
60秒教师专业发展指南：给教师的239个持续成长建议	9787515366739	59.90
通过积极的师生关系提升学生成绩：给教师的行动清单	9787515356877	49.00
卓越教师工具包：帮你顺利度过从教的前5年	9787515361345	49.00
可见的学习与深度学习：最大化学生的技能、意志力和兴奋感	9787515361116	45.00
学生教给我的17件重要的事：带给你爱、勇气、坚持与创意的人生课堂	9787515361208	39.80
教师如何持续学习与精进	9787515361109	39.00
从实习教师到优秀教师	9787515358673	39.90
像领袖一样教学：改变学生命运，使学生变得更好（中国教育新闻网2015年度"影响教师的100本书"）	9787515355375	49.00
你的第一年：新教师如何生存和发展	9787515351599	33.80
教师精力管理：让教师高效教学，学生自主学习	9787515349169	39.90
如何使学生成为优秀的思考者和学习者：哈佛大学教育学院课堂思考解决方案	9787515348155	49.90
反思性教学：一个已被证明能让教师做到更好的培训项目（30周年纪念版）	9787515347837	59.90
凭什么让学生服你：极具影响力的日常教育策略（中国教育新闻网2017年度"影响教师的100本书"）	9787515347554	39.90

	书名	书号	定价
	运用积极心理学提高学生成绩（中国教育新闻网2017年度“影响教师的100本书”）	9787515345680	59.90
	可见的学习与思维教学：成长型思维教学的54个教学资源：教学资源版	9787515354743	36.00
★	可见的学习与思维教学：让教学对学生可见，让学习对教师可见（中国教育报2017年度“教师最喜爱的100本书”）	9787515345000	39.90
	教学是一段旅程：成长为卓越教师你一定要知道的事	9787515344478	39.00
	安奈特·布鲁肖写给教师的101首诗	9787515340982	35.00
	万人迷老师养成宝典学习指南	9787515340784	28.00
	中小学教师职业道德培训手册：师德的定义、养成与评估	9787515340777	32.00
	成为顶尖教师的10项修炼（中国教育新闻网2015年度“影响教师的100本书”）	9787515334066	49.90
★	T. E. T. 教师效能训练：一个已被证明能让所有年龄学生做到最好的培训项目（30周年纪念版）（中国教育新闻网2015年度“影响教师的100本书”）	9787515332284	49.00
	教学需要打破常规：全世界最受欢迎的创意教学法（中国教育新闻网2015年度“影响教师的100本书”）	9787515331591	45.00
	给幼儿教师的100个创意：幼儿园班级设计与管理	9787515330310	39.90
	给小学教师的100个创意：发展思维能力	9787515327402	29.00
	给中学教师的100个创意： 如何激发学生的天赋和特长 / 杰出的教学 / 快速改善学生课堂表现	9787515330723等	87.90
	以学生为中心的翻转教学11法	9787515328386	29.00
	如何使教师保持职业激情	9787515305868	29.00
★	如何培训高效能教师：来自全美权威教师培训项目的建议	9787515324685	39.90
	良好教学效果的12试金石：每天都需要专注的事情清单	9787515326283	29.90
★	让每个学生主动参与学习的37个技巧	9787515320526	45.00
	给教师的40堂培训课：教师学习与发展的最佳实操手册	9787515352787	39.90
	提高学生学习效率的9种教学方法	9787515310954	27.80
★	优秀教师的课堂艺术：唤醒快乐积极的教学技能手册	9787515342719	26.00
★	万人迷老师养成宝典（第2版）（入选《中国教育报》“2010年影响教师的100本书”）	9787515342702	39.00
	高效能教师的9个习惯	9787500699316	26.00
	课堂教学/课堂管理		
★	像行为管理大师一样管理你的课堂：给教师的课堂行为管理解决方案	9787515368108	59.00
	差异化教学与个性化教学：未来多元课堂的智慧教学解决方案	9787515367095	49.90
	如何设计线上教学细节：快速提升线上课程在线率和课堂学习参与度	9787515365886	49.00
	设计型学习法：教学与学习的重新构想	9787515366982	59.00
	让学习真正在课堂上发生：基于学习状态、高度参与、课堂生态的深度教学	9787515366975	49.00
	让教师变得更好的75个方法：用更少的压力获得更快的成功	9787515365831	49.00
	技术如何改变教学：使用课堂技术创造令人兴奋的学习体验，并让学生对学习记忆深刻	9787515366661	49.00
	课堂上的问题形成技术：老师怎样做，学生才会提出好的问题	9787515366401	45.00
	翻转课堂与项目式学习	9787515365817	45.00
★	优秀教师一定要知道的19件事：回答教师核心素养问题，解读为什么要向优秀者看齐	9787515366630	39.00
	从作业设计开始的30个创意教学法：运用互动反馈循环实现深度学习	9787515366364	59.00
	基于课堂中精准理解的教学设计	9787515365909	49.00
	如何创建培养自主学习者的课堂管理系统	9787515365879	49.00
	如何设计深度学习的课堂：引导学生学习的176个教学工具	9787515366715	49.90
	如何提高课堂创意与参与度：每个教师都可以使用的178个教学工具	9787515365763	49.90
	如何激活学生思维：激励学生学习与思考的187个教学工具	9787515365770	49.90
	男孩不难教：男孩学业、态度、行为问题的新解决方案	9787515364827	49.00
★	高度参与的线上线下融合式教学设计：极具影响力的备课、上课、练习、评价项目教学法	9787515364438	49.00
★	跨学科项目式教学：通过“+1”教学法进行计划、管理和评估	9787515361086	49.00

	书名	书号	定价
	课堂上最重要的56件事	9787515360775	35.00
★	全脑教学与游戏教学法	9787515360690	39.00
★	深度教学：运用苏格拉底式提问法有效开展备课设计和课堂教学	9787515360591	49.90
★	一看就会的课堂设计：三个步骤快速构建完整的课堂管理体系	9787515360584	39.90
	如何有效激发学生学习兴趣	9787515360577	38.00
	如何解决课堂上最关键的9个问题	9787515360195	49.00
	多元智能教学法：挖掘每一个学生的最大潜能	9787515359885	39.90
★	探究式教学：让学生学会思考的四个步骤	9787515359496	39.00
	课堂提问的技术与艺术	9787515358925	49.00
	如何在课堂上实现卓越的教与学	9787515358321	49.00
	基于学习风格的差异化教学	9787515358437	39.90
★	如何在课堂上提问：好问题胜过好答案	9787515358253	39.00
★	高度参与的课堂：提高学生专注力的沉浸式教学	9787515357522	39.90
	让学习变得有趣	9787515357782	39.00
★	如何利用学校网络进行项目式学习和个性化学习	9787515357591	39.90
	基于问题导向的互动式、启发式与探究式课堂教学法	9787515356792	49.00
	如何在课堂中使用讨论：引导学生讨论式学习的60种课堂活动	9787515357027	38.00
	如何在课堂中使用差异化教学	9787515357010	39.90
★	如何在课堂中培养成长型思维	9787515356754	39.90
	每一位教师都是领导者：重新定义教学领导力	9787515356518	39.90
★	教室里的1-2-3魔法教学：美国广泛使用的从学前到八年级的有效课堂纪律管理	9787515355986	39.90
	如何在课堂中使用布卢姆教育目标分类法	9787515355658	39.00
	如何在课堂上使用学习评估	9787515355597	39.00
	7天建立行之有效的课堂管理系统：以学生为中心的分层式正面管教	9787515355269	29.90
	积极课堂：如何更好地解决课堂纪律与学生的冲突	9787515354590	38.00
	设计智慧课堂：培养学生一生受用的学习习惯与思维方式	9787515352770	39.00
	追求学习结果的88个经典教学设计：轻松打造学生积极参与的互动课堂	9787515353524	39.00
	从备课开始的100个课堂活动设计：创造积极课堂环境和学习乐趣的教师工具包	9787515353432	33.80
	老师怎么教，学生才能记得住	9787515353067	48.00
	多维互动式课堂管理：50个行之有效的方法助你事半功倍	9787515353395	39.80
	智能课堂设计清单：帮助教师建立一套规范程序和做事方法	9787515352985	49.90
	提升学生小组合作学习的56个策略：让学生变得专注、自信、会学习	9787515352954	29.90
	快速处理学生行为问题的52个方法：让学生变得自律、专注、爱学习	9787515352428	39.00
	王牌教学法：罗恩·克拉克学校的创意课堂	9787515352145	39.80
	让学生快速融入课堂的88个趣味游戏：让上课变得新颖、紧凑、有成效	9787515351889	39.00
★	如何调动与激励学生：唤醒每个内在学习者（李希贵校长推荐全校教师研读）	9787515350448	39.80
	合作学习技能35课：培养学生的协作能力和未来竞争力	9787515340524	59.00
	基于课程标准的STEM教学设计：有趣有料有效的STEM跨学科培养教学方案	9787515349879	68.00
	如何设计教学细节：好课堂是设计出来的	9787515349152	39.00
	15秒课堂管理法：让上课变得有料、有趣、有秩序	9787515348490	49.00
	混合式教学：技术工具辅助教学实操手册	9787515347073	39.80
	从备课开始的50个创意教学法	9787515346618	39.00
	中学生实现成绩突破的40个引导方法	9787515345192	33.00
	给小学教师的100个简单的科学实验创意	9787515342481	39.00
	老师如何提问，学生才会思考	9787515341217	49.00
	教师如何提高学生小组合作学习效率	9787515340340	39.00

	书名	书号	定价
	卓越教师的200条教学策略	9787515340401	49.90
	中小学生执行力训练手册：教出高效、专注、有自信的学生	9787515335384	49.90
	从课堂开始的创客教育：培养每一位学生的创造能力	9787515342047	33.00
	提高学生学习专注力的8个方法：打造深度学习课堂	9787515333557	35.00
	改善学生学习态度的58个建议	9787515324067	36.00
★	全脑教学（中国教育新闻网2015年度“影响教师的100本书”）	9787515323169	38.00
★	全脑教学与成长型思维教学：提高学生学习力的92个课堂游戏	9787515349466	39.00
★	哈佛大学教育学院思维训练课：让学生学会思考的20个方法	9787515325101	59.90
	完美结束一堂课的35个好创意	9787515325163	28.00
	如何更好地教学：优秀教师一定要知道的事	9787515324609	49.90
	带着目的教与学	9787515323978	39.90
★	美国中小学生社会技能课程与活动（学前阶段/1-3年级/4-6年级/7-12年级）	9787515322537等	215.70
	彻底走出教学误区：开启轻松智能课堂管理的45个方法	9787515322285	28.00
	破解问题学生的行为密码：如何教好焦虑、逆反、孤僻、暴躁、早熟的学生	9787515322292	36.00
	13个教学难题解决手册	9787515320502	28.00
★	让学生爱上学习的165个课堂游戏	9787515319032	39.00
	美国学生游戏与素质训练手册：培养孩子合作、自尊、沟通、情商的103种教育游戏	9787515325156	49.00
	老师怎么说，学生才会听	9787515312057	39.00
	快乐教学：如何让学生积极与你互动（入选《中国教育报》“影响教师的100本书”）	9787500696087	29.00
★	老师怎么教，学生才会提问	9787515317410	29.00
★	快速改善课堂纪律的75个方法	9787515313665	39.90
★	教学可以很简单：高效能教师轻松教学7法	9787515314457	39.00
★	好老师可以避免的20个课堂错误（入选《中国教育报》“影响教师的100本图书”）	9787500688785	39.90
★	好老师应对课堂挑战的25个方法（《给教师的101条建议》作者新书）	9787500699378	25.00
★	好老师激励后进生的21个课堂技巧	9787515311838	39.80
★	开始和结束一堂课的50个好创意	9787515312071	29.80
	好老师因材施教的12个方法（美国著名教师伊莉莎白“好老师”三部曲）	9787500694847	22.00
★	如何打造高效能课堂	9787500680666	29.00
	合理有据的教师评价：课堂评估衡量学生进步	9787515330815	29.00
	班主任工作/德育		
★	北京四中8班的教育奇迹	9787515321608	36.00
★	师德教育培训手册	9787515326627	29.80
	中小学教师职业道德培训手册：师德的定义、养成与评估	9787515340777	32.00
★	好老师征服后进生的14堂课（美国著名教师伊莉莎白“好老师”三部曲）	9787500693819	39.90
	优秀班主任的50条建议：师德教育感动读本（《中国教育报》专题推荐）	9787515305752	23.00
	学校管理/校长领导力		
★	哈佛大学教育学院学校创新管理课	9787515369389	59.90
	如何构建积极型学校	9787515368818	49.90
	卓越课堂的50个关键问题	9787515366678	39.00
	如何培育卓越教师：给学校管理者的行动清单	9787515357034	39.00
★	学校管理最重要的48件事	9787515361055	39.80
	重新设计学习和教学空间：设计利于活动、游戏、学习、创造的学习环境	9787515360447	49.90
	重新设计一所好学校：简单、合理、多样化地解构和重塑现有学习空间和学校环境	9787515356129	49.00
	让樱花绽放英华	9787515355603	79.00
	学校管理者平衡时间和精力的21个方法	9787515349886	29.90
	校长引导中层和教师思考的50个问题	9787515349176	29.00

书名	书号	定价
如何定义、评估和改变学校文化	9787515340371	29.80
优秀校长一定要做的18件事（入选《中国教育报》“2009年影响教师的100本书”）	9787515342733	39.90
学科教学/教科研		
中学古文观止50讲：文言文阅读能力提升之道	9787515366555	59.90
完美英语备课法：用更短时间和更少材料让学生高度参与的100个课堂游戏	9787515366524	49.00
人大附中整本书阅读取胜之道：让阅读与作文双赢	9787515364636	59.90
北京四中语文课：千古文章	9787515360973	59.00
北京四中语文课：亲近经典	9787515360980	59.00
从备课开始的56个英语创意教学：快速从小白老师到名师高手	9787515359878	49.90
美国学生写作技能训练	9787515355979	39.90
《道德经》妙解、导读与分享（诵读版）	9787515351407	49.00
京沪穗江浙名校名师联手教你：如何写好中考作文	9787515356570	49.90
京沪穗江浙名校名师联手授课：如何写好高考作文	9787515356686	49.80
人大附中中考作文取胜之道	9787515345567	59.90
人大附中高考作文取胜之道	9787515320694	49.90
人大附中学生这样学语文：走近经典名著	9787515328959	49.90
四界语文（入选《中国教育报》2017年度“教师喜爱的100本书”）	9787515348483	49.00
让小学一年级孩子爱上阅读的40个方法	9787515307589	39.90
让学生爱上数学的48个游戏	9787515326207	26.00
轻松100 课教会孩子阅读英文	9787515338781	88.00
情商教育/心理咨询		
9节课，教你读懂孩子：妙解亲子教育、青春期教育、隔代教育难题	9787515351056	39.80
学生版盖洛普优势识别器（独一无二的优势测量工具）	9787515350387	169.00
与孩子好好说话（获“美国国家育儿出版物（NAPPA）金奖”）	9787515350370	39.80
中小学心理教师的10项修炼	9787515309347	36.00
别和青春期的孩子较劲（增订版）（入选《中国教育报》“2009年影响教师的100本书”）	9787515343075	39.90
100条让孩子胜出的社交规则	9787515327648	28.00
守护孩子安全一定要知道的17个方法	9787515326405	32.00
幼儿园/学前教育		
中挪学前教育合作式学习：经验·对话·反思	9787515364858	79.00
幼小衔接听读能力课	9787515364643	33.00
用蒙台梭利教育法开启0~6岁男孩潜能	9787515361222	45.00
德国幼儿的自我表达课：不是孩子爱闹情绪，是她/他想说却不会说！	9787515359458	59.00
德国幼儿教育成功的秘密：近距离体验德国学前教育理念与幼儿园日常活动安排	9787515359465	49.80
美国儿童自然拼读启蒙课：至关重要的早期阅读训练系统	9787515351933	49.80
幼儿园30个大主题活动精选：让工作更轻松的整合技巧	9787515339627	39.80
美国幼儿教育活动大百科：3-6岁儿童学习与发展指南用书 科学/艺术/健康与语言/社会	9787515324265等	600.00
蒙台梭利早期教育法：3-6岁儿童发展指南（理论版）	9787515322544	29.80
蒙台梭利儿童教育手册：3-6岁儿童发展指南（实践版）	9787515307664	33.00
自由地学习：华德福的幼儿园教育	9787515328300	49.90
赞美你：奥巴马给女儿的信	9787515303222	19.90
史上最接地气的幼儿书单	9787515329185	39.80
教育主张/教育视野		
重新定义学习：如何设计未来学校与引领未来学习	9787515367484	49.90
教育新思维：帮助孩子达成目标的实战教学法	9787515365848	49.00

	书名	书号	定价
	学习是如何发生的：教育心理学中的开创性研究及其实践意义	9787515366531	59.90
	父母不应该错过的犹太人育儿法	9787515365688	59.00
	如何在线教学：教师在智能教育新形态下的生存与发展	9787515365855	49.00
	正向养育：黑幼龙的慢养哲学	9787515365671	39.90
	颠覆教育的人：蒙台梭利传	9787515365572	59.90
	如何科学地帮助孩子学习：每个父母都应知道的77项教育知识	9787515368092	59.00
	学习的科学：每位教师都应知道的99项教育研究成果（升级版）	9787515368078	59.90
	学习的科学：每位教师都应知道的77项教育研究成果	9787515364094	59.00
	真实性学习：如何设计体验式、情境式、主动式的学习课堂	9787515363769	49.00
	哈佛前1%的秘密（俞敏洪、成甲、姚梅林、张梅玲推荐）	9787515363349	59.90
	基于七个习惯的自我领导力教育设计：让学校育人更有道，让学生自育更有根	9787515362809	69.00
	终身学习：让学生在未来拥有不可替代的决胜力	9787515360560	49.90
	颠覆性思维：为什么我们的阅读方式很重要	9787515360393	39.90
	如何教学生阅读与思考：每位教师都需要的阅读训练手册	9787515359472	39.00
	成长型教师：如何持续提升教师成长力、影响力与教育力	9787515368689	48.00
	教出阅读力	9787515352800	39.90
	为学生赋能：当学生自己掌控学习时，会发生什么	9787515352848	33.00
	如何用设计思维创意教学：风靡全球的创造力培养方法	9787515352367	39.80
	如何发现孩子：实践蒙台梭利解放天性的趣味游戏	9787515325750	32.00
	如何学习：用更短的时间达到更佳效果和更好成绩	9787515349084	49.00
	教师和家长共同培养卓越学生的10个策略	9787515331355	27.00
★	如何阅读：一个已被证实的低投入高回报的学习方法	9787515346847	39.00
★	芬兰教育全球第一的秘密（钻石版）（《中国教育报》等主流媒体专题推荐）	9787515359922	59.00
	世界最好的教育给父母和教师的45堂必修课（《芬兰教育全球第一的秘密》2）	9787515342696	28.00
★	杰出青少年的7个习惯（精英版）	9787515342672	39.00
	杰出青少年的7个习惯（成长版）	9787515335155	29.00
★	杰出青少年的6个决定（领袖版）（全国优秀出版物奖）	9787515342658	49.90
★	7个习惯教出优秀学生（第2版）（全球畅销书《高效能人士的七个习惯》教师版）	9787515342573	39.90
	学习的科学：如何学习得更好更快（入选中国教育网2016年度"影响教师的100本书"）	9787515341767	39.80
	杰出青少年构建内心世界的5个坐标（中国青少年成长公开课）	9787515314952	59.00
★	跳出教育的盒子（第2版）（美国中小学教学经典畅销书）	9787515344676	35.00
	夏烈教授给高中生的19场讲座	9787515318813	29.90
★	学习之道：美国公认经典学习书	9787515342641	39.00
★	翻转学习：如何更好地实践翻转课堂与慕课教学（中国教育新闻网2015年度"影响教师的100本书"）	9787515334837	32.00
★	翻转课堂与慕课教学：一场正在到来的教育变革	9787515328232	26.00
	翻转课堂与混合式教学：互联网+时代，教育变革的最佳解决方案	9787515349022	29.80
	翻转课堂与深度学习：人工智能时代，以学生为中心的智慧教学	9787515351582	29.80
★	奇迹学校：震撼美国教育界的教学传奇（中国教育新闻网2015年度"影响教师的100本书"）	9787515327044	36.00
★	学校是一段旅程：华德福教师1–8年级教学手记	9787515327945	49.00
★	高效能人士的七个习惯（30周年纪念版）（全球畅销书）	9787515360430	79.00

您可以通过如下途径购买：

1. 书　　店：各地新华书店、教育书店。
2. 网上书店：当当网（www.dangdang.com）、天猫（zqwts.tmall.com）、京东网（www.jd.com）。
3. 团　　购：各地教育部门、学校、教师培训机构、图书馆团购，可享受特别优惠。

购书热线：010–65511272 / 65516873

如何成为高效能教师

作者：(美) 黄绍裘　黄露丝玛丽

定价：89.00元

- 美国教师培训第一书
- 一套完整的高效能教师培训系统和教师核心素养提升解决方案
- 全球销量超400万册
- 超值赠送60分钟美国最专业、最受欢迎网络教学视频
- 200页网络版主题教学拓展资源

★ ★ ★

卓越课堂管理

作者：(美) 黄绍裘　黄露丝玛丽

定价：88.00元

- 获中国教育新闻网2015年度“影响教师的100本书”奖
- 获2016年第25届上海市中小学、幼儿园“优秀图书”奖
- 一套高效管理课堂的完整体系，为广大教师提供50种有效的课堂管理方案
- 并示范高效能教师的6套开学管理计划，让学生通过严格执行50种教育程序获得成功。